CÓMO DEJAR EL ALCOHOL PARA SIEMPRE

Descubre Cómo Dejar de Depender de las Bebidas
Alcohólicas por Completo

ESMOND FULLER

© Copyright 2022 – Esmond Fuller - Todos los derechos reservados.

Este documento está orientado a proporcionar información exacta y confiable con respecto al tema tratado. La publicación se vende con la idea de que el editor no tiene la obligación de prestar servicios oficialmente autorizados o de otro modo calificados. Si es necesario un consejo legal o profesional, se debe consultar con un individuo practicado en la profesión.

- Tomado de una Declaración de Principios que fue aceptada y aprobada por unanimidad por un Comité del Colegio de Abogados de Estados Unidos y un Comité de Editores y Asociaciones.

De ninguna manera es legal reproducir, duplicar o transmitir cualquier parte de este documento en forma electrónica o impresa.

La grabación de esta publicación está estrictamente prohibida y no se permite el almacenamiento de este documento a menos que cuente con el permiso por escrito del editor. Todos los derechos reservados.

La información provista en este documento es considerada veraz y coherente, en el sentido de que cualquier responsabilidad, en términos de falta de atención o de otro tipo, por el uso o abuso de cualquier política, proceso o dirección contenida en el mismo, es responsabilidad absoluta y exclusiva del lector receptor. Bajo ninguna circunstancia se responsabilizará legalmente al editor por cualquier reparación, daño o pérdida monetaria como consecuencia de la información contenida en este documento, ya sea directa o indirectamente.

Los autores respectivos poseen todos los derechos de autor que no pertenecen al editor.

La información contenida en este documento se ofrece únicamente con fines informativos, y es universal como tal. La presentación de la información se realiza sin contrato y sin ningún tipo de garantía endosada.

El uso de marcas comerciales en este documento carece de consentimiento, y la publicación de la marca comercial no tiene ni el permiso ni el respaldo del propietario de la misma.

Todas las marcas comerciales dentro de este libro se usan solo para fines de aclaración y pertenecen a sus propietarios, quienes no están relacionados con este documento.

Índice

Introducción	vii
1. Mi historia	1
2. ¿A Qué Nos Enfrentamos?	7
3. ¿Por Qué Parar? ¿Por Qué No Nos Detenemos?	17
4. La Naturaleza, La Crianza Y La Bebida	27
5. De La Fuerza De Voluntad Y La Tentación A La Aceptación	35
6. Abordar La Causa Principal	57
7. Sustituir El Placer Por El Sentido	85
8. Codicia, Envidia Y Consumismo	105
9. Un Compromiso Valiente, El Perdón Y La Resiliencia	121
10. Un Camino Hacia La Plenitud	131
CONCLUSIÓN	157

Introducción

Mi objetivo no es sólo ayudarte a dejar de beber. Sé que el título puede ser un poco engañoso. Lo que realmente quiero es ayudarte también a despertar y encontrar tu camino de nuevo.

El estilo de vida moderno y, en nuestro caso particular, la bebida, nos han sumido a muchos en un profundo letargo.

A través de la conciencia, la aceptación y el compromiso de crear los cambios positivos en su vida que tanto desea, sus problemas con la bebida desaparecerán de forma natural. Si estás leyendo este libro, significa que el silencio entre anuncios, esos segundos de pensamiento en un semáforo y esos momentos de sobriedad han permitido que tu voz interior llegue a ti y te convenza de volver a tu camino una vez más.

Con la creciente velocidad a la que se intercambia la información en nuestra era actual, mucha gente se siente perdida en el mar de posibilidades.

Introducción

Muchos de nosotros buscamos en la bebida una vía de escape, un medio para evitar esta trágica y dolorosa experiencia que llamamos vida. La realidad puede parecer muy aburrida, incluso sin sentido a veces.

Puede que estés buscando escapar de la depresión, la ansiedad, la vergüenza, el aburrimiento o la ira. Quiero enseñarte a utilizar la depresión, la ansiedad, la vergüenza, el aburrimiento y la ira en tu beneficio.

Vivimos en una época de comodidad e información fácilmente accesible en la que ya no tenemos que buscar nuestra comida.

Sólo hay que levantar un par de dedos para conseguir comida y entretenimiento, así que se podría pensar que la gente estaría contenta, ¿no? ¿No deberíamos sentirnos menos solos ya que todos estamos conectados a través de Internet? ¿Cuál podría ser la razón de que el suicidio, la depresión, la ansiedad y la adicción estén en su punto más alto? ¿Qué tipo de conexiones podrían existir entre nuestro estilo de vida moderno y la adicción? Nuestra evasión del dolor a través de la sedación nos ha hecho perder el contacto con nosotros mismos, por lo que las personas se han vuelto tan inconscientes de sus propias emociones, acciones y motivaciones. ¿Has conocido alguna vez a alguien que no fuera consciente de sí mismo? ¿Cuya mano derecha no supiera lo que hace la izquierda? ¿No es esa la razón por la que muchos de nosotros bebemos? ¿Para no tener que estar presentes o para poder ignorar las expectativas que la gente tiene de nosotros? Algunos lo llaman simplemente divertirse, pero cuando lo hacemos en exceso, suele haber un problema subyacente que puede explicar nuestra pérdida de control. Es bastante difícil tratar con alguien que no es cons-

Introducción

ciente de sí mismo, alguien que cree que siempre tiene la razón.

Cuando no estamos presentes o cuando dejamos que nuestra mente inconsciente tome el control y encendemos el piloto automático, al día siguiente nos encontramos con sentimientos de vergüenza y desconcierto por haber hecho cosas que normalmente no haríamos si fuéramos completamente conscientes. Intentamos encogernos de hombros y decir que fue porque estábamos borrachos, pero en el fondo el sentimiento de culpa persiste. Cuando digo que voy a ayudarte a "despertar", no lo digo de forma filosófica o mística. Voy a dar pasos prácticos sobre cómo salir de un modo de vida automático.

Despertar es el primer paso para recuperarse de la adicción.

Después, te ayudaré a desafiar la forma en que te ves a ti mismo y al mundo que te rodea. En otras palabras, quiero ayudarte a desprogramarte. Tanto la sociedad como la biología han programado tu cerebro para la adicción. Al final de este trabajo, me gustaría que fueras capaz de responder a la siguiente pregunta: ¿Por qué quieres recuperarte? La respuesta a esta pregunta es clave para tu recuperación; tenlo en cuenta mientras avanzamos en nuestro trabajo.

1

Mi historia

Tuve una experiencia extremadamente destructiva con el alcohol que es lo que me inspiró a ayudar a otros en su lucha.

Mi pareja era alcohólica, y lo peor era que no lo sabía. Nunca había estado tan cerca de alguien que pasara por el proceso de convertirse en adicto al alcohol, así que no me di cuenta de que se estaba convirtiendo en un problema hasta que ya estaba fuera de control.

Mirando hacia atrás, los patrones de comportamiento y su estado de negación eran descripciones clásicas de convertirse en adicto. Bebía cuando estaba contento, pero también cuando estaba triste, estresado o sentía algún tipo de dolor. Se había convertido en su mecanismo de supervivencia.

Rara vez pasábamos un rato juntos en el que no estuviera presente la bebida.

Era como si fuera su única fuente de alegría en la vida.

Cuando intenté sugerir que tal vez debería reducir su consumo de alcohol, se sintió atacado y dijo que yo estaba tratando de controlarlo.

La situación empezó a descontrolarse cuando perdía el control y se volvía agresivo. En una ocasión, hizo un agujero en nuestra pared a patadas mientras gritaba insultos y me culpaba de sus desgracias. Nunca me sentí en peligro físico, pero las constantes culpas acabaron por dañar mi autoestima. Si alguien te dice repetidamente: "Tú eres el problema", empiezas a creerlo. Empecé a sentir que había algo inherentemente malo en mí. La inestabilidad y el abuso emocional me pasaron factura.

Durante toda la relación, intenté apoyarle y hablar con él. Era agotador. Él nunca reconocía que estaba contribuyendo a muchos de los problemas. Siempre justificaba sus comportamientos agresivos y abusivos diciendo que era culpa mía por una u otra razón. Era casi imposible conseguir una disculpa por su parte.

Para empeorar las cosas, su madre era extremadamente facilitadora. Apoyaba sus opiniones y justificaba continuamente su comportamiento. Le excusaba por su comportamiento, por aborrecible que fuera, diciendo que actuaba así porque la vida había sido "injusta" con él.

. . .

Esta habilitación le permitía seguir trasladando cualquier responsabilidad por sus acciones a cualquier cosa que no fuera él mismo.

Proyectaba sus defectos en los demás y culpaba a la sociedad o a su educación por el estado de su vida. Este proceso de habilitación había estado ocurriendo durante años antes de que yo llegara. Parecía que su madre no podía soportar el hecho de que pudiera haber algo malo en su hijo porque eso podría significar que su crianza también era defectuosa.

Llegó a un punto en el que tuve que distanciarme emocional y físicamente. Me sentí muy mal porque sentí que lo dejaba cuando más me necesitaba y cuando realmente necesitaba mi apoyo. Todos mis amigos me dijeron que me fuera. Todos mis conocidos me decían que estaba loca por quedarme tanto tiempo. Supongo que cuando amas a alguien no puedes levantarte y salir corriendo a la primera señal de problemas, pero, cuando estás en la burbuja, es difícil saber qué hacer y cuándo.

Decidí que al quedarme estaba permitiendo que el comportamiento continuara, y yo misma me estaba deprimiendo mucho.

Fue la peor sensación del mundo tener que dejar a la persona que más quieres. Entonces tenía muy claro lo que estaba ocurriendo y que no podía hacer nada para cambiar las cosas.

. . .

Sólo cambiarían si quisieran, sólo cuando reconocieran que tenían un problema.

Estaban en una burbuja de negación reforzada por personas influyentes en su mundo y yo era el extraño que causaba problemas.

Me prometí a mí misma que no volvería a permitirme estar en lo que era una relación abusiva. No importa por qué o cómo una pareja es abusiva, es muy importante mantener tu propia salud mental. Dicho esto, es muy difícil ver a alguien tan claramente dañado y traumatizado por acontecimientos de su pasado y no querer ayudarle y apoyarle, especialmente cuando sabes que tiene un lado maravilloso.

Mirando hacia atrás, eso fue lo que más me confundió. ¿Cómo podía este hombre talentoso, inteligente, divertido y hermoso convertirse en un monstruo cuando se tomaba una copa? El cambio era a veces una inversión total de la persona de la que me enamoré.

Sé que mi historia no es única y que hay personas que han sufrido mucho más que yo. Quería explicar por qué me motivé a escribir este libro. He pasado mucho tiempo con personas que tienen un problema con el alcohol, no son malas personas, tú no eres una mala persona, ellos pueden cambiar y tú también. He querido hacer algo por ti para que el proceso de recuperación sea mucho más fácil para ti. El primer paso ha sido coger este libro y me alegro mucho de que lo hayas hecho.

. . .

Has buscado ayuda y me siento honrado de que me hayas permitido hablarte a través de estas páginas.

Esto es exactamente lo que quiero ayudarte a recordar: quiero ayudarte a recordar lo maravilloso que eres y que has sido desviado de tu camino por fuerzas internas y externas. Internamente, tus miedos, dudas y remordimientos han distorsionado la forma en que te ves a ti mismo y tu relación con los demás. Externamente, la sociedad ha plantado las semillas de la envidia y la codicia a través del consumismo.

El camino que tienes por delante no es fácil, pero ya has dado el paso más importante, bien hecho. El resto lo podemos hacer juntos.

Sobre el método

Algunos de los conocimientos de este libro proceden de la literatura antigua y de enseñanzas basadas en la alquimia, el misticismo oriental y el cristianismo. Sin embargo, todo este conocimiento ha sido puesto a prueba a través de la lente de la ciencia. Los métodos descritos en esta obra se basan en gran medida en la Terapia de Aceptación y Compromiso (ACT) y en la Terapia Centrada en el Sentido (MCT) o Logoterapia.

ACT es un gran acrónimo ya que describe realmente la acción práctica. Orientado a este método. La atención se centrará en la actuación significativa. ¿Has experimentado alguna vez una sensación de vacío, como si te faltara algo? Para ser claros, este trabajo no tiene ninguna inclinación espiritual o religiosa en particular. Está hecho para que cualquier humano pueda adaptar nuestras técnicas y ponerlas en práctica, independientemente de sus creencias.

Te prometo que no mirarás la historia de tu vida ni tu futuro igual después de que hayamos terminado aquí.

La esencia práctica de este trabajo requiere que hagas los ejercicios. Leer el libro por sí solo no dará ningún resultado; esto es una llamada a la acción. Recablear tu cerebro requiere trabajo, disciplina, motivación y perdón.

El proceso al que te vas a someter te ayudará a cambiar tu relación con la bebida de la forma más natural posible.

2

¿A Qué Nos Enfrentamos?

Abuso de alcohol y sociedad

Estás con resaca, pensando en las cosas cuestionables que hiciste o dijiste la noche anterior, dudando en revisar los mensajes de tu teléfono. Estás lleno de sentimientos de arrepentimiento y vergüenza porque, por mucho que lo intentes, parece que sigues cometiendo los mismos errores. Te preguntas si alguna vez cambiarás, si serás capaz de priorizar tus ambiciones y tus responsabilidades por encima de tus hábitos sociales y de bebida. La próxima vez que sientas que no tienes el control, recuerda que hay otros 66,7 millones de personas que pasan por el mismo tipo de luchas que tú (HHS, 2016).

Ese es el número de personas que declararon haber luchado contra el abuso del alcohol en un estudio realizado en Estados Unidos. Se han realizado estudios como este en todo el mundo que han arrojado resultados similares. No estás solo, el abuso de alcohol es un problema real, y no puede quedar sin control.

Algunos pueden superarlo, mientras que otros no suelen recuperarse.

Entonces, ¿cuál es la diferencia entre los que se recuperan y los que no?

Podemos decirnos a nosotros mismos: "Es sólo una fase, lo tengo controlado", o "tendré más cuidado la próxima vez", y eso puede ser cierto durante un tiempo. Con el paso del tiempo, y antes de que te des cuenta, crearás una dependencia emocional al alcohol, si no lo has hecho ya. Como ocurre con la creación de cualquier hábito, se necesita tiempo y repetición.

El hecho de que sea una actividad agradable hace que la creación del hábito sea mucho más fácil.

Por ejemplo, es posible que no pueda disfrutar de la misma manera en un entorno social sin el alcohol. También es posible que no puedas hacer frente a las frustraciones de la vida sin un calmante para el estrés al final de la semana o incluso al final del día. Todos tenemos nuestras razones para tomar una copa y rara vez sentimos que sea un problema.

En los últimos años, el uso del alcohol, pero sobre todo el abuso del mismo, se ha convertido en un problema con repercusiones a nivel mundial. La magnitud de estas repercusiones ha incitado a la Organización Mundial de la Salud a crear una estrategia global para ayudar a mitigar los daños causados por el abuso del alcohol (HHS, 2016).

Cuando pensamos en el abuso del alcohol, podríamos pensar en adolescentes hormonales que no tienen autocontrol.

El hecho de que la OMS se involucre significa que puede haber algo más que eso. El alcohol se considera uno de los factores causales más importantes de discapacidad, enfermedad y mortalidad en cualquier país.

Sin embargo, el alcohol es perjudicial. Popularmente conocido, pero a menudo ignorado, el alcohol daña nuestro intestino e hígado. Los colaterales socialmente relevantes, como el abuso y el abandono de niños, pueden ser menos obvios para todos, excepto para quienes han vivido en este tipo de ambientes. Todos hemos oído las historias de familiares borrachos que atormentan a sus seres queridos sin asumir ninguna responsabilidad por sus actos. Incluso si el abuso físico no está presente, la negligencia es una experiencia igualmente dañina para un niño. Desgraciadamente, quienes experimentan este tipo de abusos cuando son niños suelen repetir el mismo ciclo de miedo y odio, reproduciendo el daño que se les causó en su día (Samuels, 2001).

El alcohol tiene una fuerte relación con la violencia, principalmente debido a que cuando lo consumimos, deterioramos las partes de nuestro cerebro implicadas en el autocontrol y el análisis de riesgos. Junto con nuestra pérdida de autocontrol, disminuye también la regulación emocional. Los sentimientos primarios de ira, miedo o tristeza, a su vez, se apoderan de nosotros.

Esta pérdida de control puede proporcionar una pista para entender por qué el alcohol está involucrado en 3,3 millones de muertes cada año, lo que representa el 5,9 por ciento de muertes en todo el mundo (Hendershot et. al. citado en HHS, 2016). Este hecho podría hacer pensar que el consumo de alcohol sería un tabú o, al menos, estaría mal visto, como lo está hoy en día el consumo de tabaco. Sin embargo, es todo lo contrario: el alcohol es la droga más aceptada socialmente. En algunas culturas se considera elegante, atrevida o guay. Esta percepción del alcohol ha permitido que diferentes países y diferentes estados mantengan una postura de baja prioridad contra la sustancia.

¿Qué es lo que le atrae externamente del alcohol?

Los medios de comunicación y las agencias de marketing son los principales responsables de presentar el alcohol como una sustancia divertida y agradable para todos los grupos de edad.

Desde celebridades como Marilyn Manson y Bob Dylan que promocionan sus propias marcas de alcohol hasta eventos deportivos universitarios patrocinados por cervecerías, estas industrias sólo quieren ganar dinero. No se preocupan realmente por nuestro bienestar, y eso es algo que debemos tener en cuenta. Claro que quieren que nos divirtamos y que nos guste su producto, pero eso es sólo porque quieren que compremos más. De ninguna manera se preocupan realmente por nuestra felicidad o nuestra realización, simplemente no podemos confiar nuestra felicidad a aquellos que sólo buscan el beneficio.

El trastorno por consumo de alcohol (TCA) y las personas

¿Cómo sabemos que tenemos un problema?

Todos conocemos los encantos del alcohol. Salimos una noche con la intención de tomar sólo una o dos copas como máximo, y luego nos encontramos pidiendo nuestra novena o décima copa. Podemos decir cosas como: "Oh, me lo he ganado. Me merezco un poco de diversión", para justificar nuestra pérdida temporal de control. De hecho, la pérdida de control puede ser el objetivo principal para algunos, ejemplificado por la frase: "¡Suelta! Tómate una copa". Esta frase hace referencia a la parte del consumo de alcohol que permite olvidarse de las preocupaciones mediante la reducción de la ansiedad. No debes sentirte culpable por no poder controlarte a la hora de tomar una copa. Está en la propia naturaleza del alcohol hacer que quieras correr más riesgos y perjudica directamente esa parte de ti encargada del autocontrol. Estamos hablando de una experiencia placentera que aumenta nuestra confianza; por lo tanto, es comprensible que muchos de nosotros disfrutemos de la sensación que tenemos cuando nos emborrachamos. Puedes tomarte una pinta o diez cervezas o seis chupitos de tequila: la cuestión no es la cantidad de alcohol que bebes; la cuestión está en tu relación con la bebida.

. . .

Los profesionales de la salud mental en Estados Unidos utilizan el término Trastorno por Consumo de Alcohol (TCA) para referirse al alcoholismo. El término incluye tanto al tipo de personas que beben todos los días, como a las que beben cantidades excesivas de vez en cuando, lo que se conoce comúnmente como consumo compulsivo.

No es necesario beber todos los días para ponerse en peligro a sí mismo y a los demás. Basta un solo paso en la dirección equivocada para que una noche agradable se convierta en un accidente catastrófico.

La frase "Beber más o durante un periodo más largo de lo previsto" (American Psychiatric Association, 2013, p.490) del Manual diagnóstico y estadístico de los trastornos mentales (DSM) es uno de los factores determinantes que nos permiten saber si tenemos un problema.

La palabra clave en esa frase es "intencionado". El DSM (2013) señala tres factores adicionales presentes en el AUD: craving, tolerancia y abstinencia. El craving se refiere a los intensos deseos que podemos sentir de consumir alcohol.

Para algunas personas, el deseo de beber puede desencadenarse cuando se encuentran en una situación social, quizás en una fiesta. El malestar que sienten las personas con altos niveles de ansiedad social es tratado por muchos mediante el uso del alcohol. Se adopta una especie de muleta, y todas esas preocupaciones internas sobre cómo te ven los demás o cómo te ves a ti mismo parecen desvanecerse mientras bebes. Tu nueva confianza líquida te da la fuerza para mezclarte y hablar con extraños. En estos casos, el alcohol se utiliza para sustituir el proceso por el que una persona tiene que pasar para aprender las habilidades sociales necesarias para interactuar con los demás. La necesidad de beber en estos escenarios es una manifestación del craving, que se denomina bebida social.

Para los bebedores sociales, la necesidad de evitar la incomodidad o el dolor en los entornos sociales es lo que desencadena el ansia.

Llegaremos a ver que el dolor existe en la vida por una razón, y que no hay que adormecerlo sino escucharlo. Los antojos tienen otra característica perjudicial, un efecto de cambio de prioridades. Esto ocurre cuando los deseos de consumir alcohol se vuelven tan frecuentes que empiezan a superar nuestras otras prioridades. La bebida tiene prioridad sobre nuestras ambiciones y responsabilidades. A menudo, negociamos con nosotros mismos y buscamos convencernos de que tenemos tiempo suficiente para beber esta noche, cuando en realidad, podemos tener que estudiar, trabajar o realizar otras tareas domésticas por la mañana. Preferimos beber en estos casos, comprometiendo nuestras responsabilidades académicas y profesionales. Beber puede llegar a ser más importante que cuidar de los hijos con cariño y atención. Este cambio de prioridades es un factor común de las adicciones en general, no específico de la dependencia del alcohol. Todos estos son signos de antojos problemáticos que culminan en momentos intensos en los que se antepone el deseo de beber a la integridad física y social, cuando las cosas que antes eran más queridas se consideran secundarias.

. . .

La tolerancia es el segundo factor que está intrínsecamente ligado al ansia. A través de la saciedad repetida de nuestro deseo de tomar una copa, llegaremos a notar que empezamos a necesitar más alcohol para sentir ese mismo efecto que solíamos tener con menos.

En muchas culturas, la adquisición de la tolerancia se celebra como un logro. Frases como "¡sí que sabes aguantar la bebida!" ejemplifican esta idea. Los juegos y concursos de beber son habituales en la universidad. Aunque aparentemente inofensivas, estas actividades nos acostumbran a beber hasta nuestros propios límites y, a menudo, más allá de ellos. Nos volvemos menos sensibles a las señales corporales que nos indican que estamos llegando a un límite.

Todos entendemos muy bien lo que ocurre cuando se sobrepasa el límite. Nuestro cuerpo intentará recuperarse de la intoxicación vomitando y/o entraremos en un estado de casi inconsciencia en el que estamos mental y físicamente deteriorados, sin tener apenas en cuenta nuestra seguridad. Desgraciadamente, la tolerancia hace que consumamos más alcohol, lo que aumenta nuestra dependencia de la sustancia.

Por último, el síndrome de abstinencia está inevitablemente relacionado con los dos primeros factores del consumo de alcohol. Nos referimos a las resacas y a los problemas asociados que provoca el consumo crónico y agudo de alcohol. A menudo se vuelve a beber a la mañana siguiente, o a lo largo de la tarde, para intentar ahuyentar los incómodos síntomas de abstinencia que experimentamos. Síntomas como estados de ánimo letárgicos y depresivos, indigestión y problemas de sueño. Este último síntoma es mucho más sutil y está relacionado con una versión más crónica de la dependencia del alcohol.

Mientras que los trastornos del sueño se asocian a los efectos más crónicos de la abstinencia, la resaca, por el contrario, puede asociarse al consumo agudo de alcohol. En capítulos posteriores exploraremos con detalle los mecanismos por los que experimentamos los síntomas psicológicos y físicos de la abstinencia.

Los diagnósticos y las categorías se hacen para ayudarnos a entender lo que otras personas están pasando. De ninguna manera debemos sentirnos etiquetados ya que no tiene que ser un estado permanente del ser, y estas etiquetas definitivamente no deben definirnos como persona. Digo esto para que no te coloques automáticamente la etiqueta de "adicto" o "alcohólico".

Debes entender que no estás solo, que muchos de nosotros hemos pasado por la lucha. Al mismo tiempo, tienes que ser capaz de perdonarte a ti mismo, de dejar de lado cualquier sentimiento de culpa. La falta de amor propio puede ser un factor de motivación para muchas personas que abusan del alcohol. Por eso es tan importante dejar de castigarse y comprender que recuperarse de la dependencia del alcohol no es una tarea fácil.

. . .

Al leer estas líneas ahora mismo, has recorrido un largo camino. Ya has dado el primer paso hacia la conciencia. La conciencia puede ser el primer paso, pero la conciencia sin percepción puede llevar a la frustración.

A menudo, llegamos a comprender que tenemos un problema, pero nos encontramos sin las herramientas para resolverlo. Para eso estoy aquí, para ayudarte.

En el siguiente capítulo, me gustaría ayudarte en el proceso de sopesar los beneficios y los costes que conlleva el consumo de alcohol para que puedas tomar una decisión informada sobre qué camino elegir.

3

¿Por Qué Parar? ¿Por Qué No Nos Detenemos?

Como ya he dicho, la conciencia sin la comprensión conducirá a la frustración. Estoy seguro de que has hecho intentos de cambiar tus costumbres y sabes lo frustrante que es luchar contra ti mismo constantemente. Sin embargo, no sólo estás luchando contra ti mismo. Hay otros factores que hacen que consumas cantidades excesivas de alcohol y de forma destructiva. Vamos a ver algunos de los factores que provocan la adicción al alcohol.

¿Quién tiene el control?

Normalmente, cuando se le pide a alguien que se imagine a un adicto en su mente, las primeras imágenes que aparecen son las de una persona sin hogar o alguien involucrado en actividades delictivas. La adicción ha sido gravemente estigmatizada. Por eso el concepto de adicto funcional sigue siendo oscuro. La verdad es que no hay que ser socialmente disfuncional para ser adicto a un comportamiento o a una sustancia.

Cuando se trata de antojos y de no poder controlar tus hábitos de consumo de alcohol, realmente quiero pedirte que no te castigues por ello. Hay muchos factores en juego que juegan en tu contra. Es comprensible que luches por conseguir el control cuando tu genética te predispone a la adicción y, al mismo tiempo, las industrias del alcohol se dirigen a ti como consumidor. El alcohol está diseñado para actuar sobre los centros de recompensa de tu cerebro y, para empeorar las cosas, hay incluso microorganismos dentro de tu intestino que ansían la sustancia (Ende et, al., 2019). Realmente surge la pregunta: ¿somos realmente los que tomamos las decisiones cuando se trata de beber? Es común entre los ex alcohólicos en los grupos de apoyo de Alcohólicos Anónimos (AA) contar historias sobre cómo sus padres fueron adictos al alcohol ellos mismos. Esto no debería sorprender porque hay una gran cantidad de investigaciones que indican que tener una predisposición genética al alcohol aumenta la probabilidad de que nos volvamos adictos al alcohol en más del 50% (Saraswat, 2016). Una predisposición solo importa si bebes, pero si bebes, entonces tus genes definitivamente no van a estar de tu lado.

Tengamos en cuenta que la genética puede predisponernos pero no puede determinarnos. Podemos responsabilizarnos de nuestros actos, pero también podemos ser comprensivos con nosotros mismos si recaemos. ¿Tienes padres, o abuelos que hayan sufrido de dependencia del alcohol? La industria del alcohol es otra entidad que nos anima a consumirlo. Estas industrias han financiado grandes cantidades de investigación para poder idear las formas más eficientes de vender su producto. Uno de los campos de investigación más tabú es el de la siembra de sugestiones subconscientes, o como se conoce más popularmente, los mensajes subliminales. Estos temas ya no son tan misteriosos y controvertidos como antes.

Nuestro cerebro puede procesar los mensajes emocionalmente, incluso antes de que seamos conscientes de la información que estamos procesando (Mahoney et. al., 2014). Esto significa que, aunque no leamos un post de Facebook o un mensaje en una valla publicitaria, seguirá teniendo un impacto en la forma en que evaluamos los productos emocionalmente.

Este es un hecho bien conocido y una estrategia implementada en la propaganda relacionada con el alcohol. Nos venden implícitamente ideas como que el alcohol te hará más guay, o te hará popular entre las mujeres, etc. Estas ideas se implantan en nuestro cerebro sin que seamos conscientes de ello.

Una vez que la propaganda llega a ti o a tus amigos y empiezas a beber, el alcohol tiene un efecto peculiar en tu cerebro.

Afecta a los neurotransmisores del cerebro, como la dopamina, que está asociada a nuestros receptores de placer y dolor. La dopamina está relacionada en gran medida con el alivio del dolor. Por lo tanto, cuando se bebe alcohol, se envían señales de placer y de alivio del dolor al cerebro, lo que no sólo adormece el dolor, sino que también hace que el cuerpo quiera más de la sustancia. La dopamina siempre ha sido la forma que tiene la naturaleza de decirnos que estamos en el camino correcto. Tanto los animales como los humanos saben buscar el placer y evitar el dolor gracias a sus receptores de dopamina.

. . .

Cuando encuentran algo que les causa alegría y les produce satisfacción, liberan dopamina en su cerebro.

Normalmente, la dopamina se libera en pequeñas cantidades durante estos momentos placenteros de tu vida, momentos como ver a tus hijos sonreír, acariciar a un perro o tener intimidad con tu pareja. La bebida proporciona estas sustancias químicas en concentraciones mucho más altas, lo cual es una de las razones por las que disfrutamos tanto y por las que queremos seguir bebiendo. El hecho de que estas endorfinas se liberen en dosis tan altas cuando bebemos hace que otras actividades placenteras de la vida parezcan menos importantes. La liberación de dopamina durante el consumo de alcohol está relacionada con el efecto despriorizador del alcohol. Nuestro cerebro empieza a percibir la bebida como algo mucho más placentero que cualquier otra actividad que antes nos causaba alegría. La dopamina está muy relacionada con nuestros procesos de atención, lo que hace que nos centremos aún más en la sustancia que ha provocado la liberación de dopamina.

Cuando nuestro cerebro se acostumbra a las grandes cantidades de placer que proporciona la bebida, diluye otros tipos de placeres que nos proporciona la vida, placeres que se ganan con el trabajo duro y la dedicación, por ejemplo. Es mucho más fácil coger una botella de whisky y sentirse bien que cultivar uno de tus talentos.

La gratificación inmediata es una trampa en la que muchos de nosotros caemos. Aunque la bebida proporciona placer, no es un placer duradero y es un placer que deja un vacío existencial que intentamos llenar bebiendo un poco más. Los placeres duraderos son los que recibimos a través de la realización y los logros.

El sistema nervioso entérico es el canal por el que los microorganismos nos influyen para consumir alcohol. Este sistema nervioso se encuentra en nuestro intestino, y es la razón por la que mucha gente está empezando a llamar a nuestro intestino el segundo cerebro. Nuestro intestino alberga billones de microorganismos, desde hongos hasta muchos tipos de bacterias. Estas bacterias pueden influir en la forma en que percibimos el sabor y las preferencias alimentarias que tenemos (Singh et. al., 2017). Lo hacen comunicándose con nuestro cerebro a través del nervio vago.

Existe una cepa de hongos llamada Candida Albicans. Esta cepa, en particular, se nutre de grandes cantidades de azúcares simples que se encuentran en nuestro tracto intestinal y, ¿adivina qué más? El etanol, el compuesto del que está hecho el alcohol, es uno de esos azúcares que le encanta. Se ha demostrado que este microorganismo puede estimular el deseo de consumir alcohol. Candida Albicans es un hongo patógeno y sólo busca su propio bienestar. Crea raíces en el intestino delgado provocando agujeros en él. Cuanto más lo alimentemos, más aumentará su población, incrementando en consecuencia las ansias de alcohol que podamos sentir (Ende et, al., 2019).

Hay muchas entidades que buscan su propio interés a costa de nuestro bienestar. Realmente tenemos que preguntarnos si queremos ser controlados por estos microorganismos parásitos o igualmente por la industria del alcohol.

El consumo de alcohol como mecanismo de afrontamiento

Hay algunas actividades dolorosas en la vida que la gente persigue intencionadamente. Las personas a las que les gusta la comida picante y las que disfrutan mucho con el ejercicio pueden identificarse con esta idea. Cuando se come un habanero o un pimiento fantasma recién cogido y se le da un mordisco, provoca un gran dolor. Sin embargo, para muchos es una actividad bastante agradable, algunos incluso llegarían a describirla como una experiencia edificante y que alivia el estrés, similar a la de beber café. Sin embargo, esto parece mucho más intenso que beber café. Es lo mismo que algunos describen el salir a correr como una actividad muy relajante y estimulante al mismo tiempo.

Cuando comes ese pimiento o levantas esas pesas, el dolor que le provocas a tu cuerpo desencadena una liberación de dopamina. Esta liberación de dopamina está destinada a aliviar el dolor, el estrés y la ansiedad, por lo que estas actividades aparentemente dolorosas pueden resultar muy placenteras. La dopamina es la forma en que nuestro cuerpo nos ayuda a lidiar con el dolor físico y emocional.

A través de la sobre estimulación repetitiva de nuestro sistema dopaminérgico mediante el consumo de alcohol, podemos acabar provocando un desequilibrio o una reducción de la presencia de dopamina. La dopamina es un neurotransmisor finito que se produce en nuestro cerebro y en nuestro intestino.

Los niveles bajos de dopamina están relacionados con los trastornos depresivos. Esto significa que al consumir alcohol en cantidades excesivas estamos abocados a embotar nuestra vida y a ser más sensibles al dolor tanto físico como emocional.

Una vez que hemos creado un desequilibrio en nuestro sistema dopaminérgico, los momentos en los que se supone que debemos sentir placer por una actividad agradable, sentiremos mucho menos de lo que deberíamos. No nos alegraremos tanto cuando nos encontremos de nuevo con nuestro amigo perdido hace tiempo, o cuando contemplamos una hermosa puesta de sol. Las pequeñas alegrías de la vida no pueden proporcionar los niveles de dopamina que nuestro cerebro está acostumbrado a recibir con la bebida.

Es bastante irónico. Mucha gente considera la bebida como una forma de escapar del aburrimiento de su vida sobria, sólo para acabar sintiendo aún menos alegría por los placeres de la vida.

Este estado de percibir nuestra vida como aburrida y gris se llama anhedonia. La anhedonia es la incapacidad de experimentar placer. Si no somos capaces de obtener placer de las pequeñas victorias que nos proporciona la vida cotidiana, empezamos a perder la motivación. Las cosas empiezan a parecer inútiles y la vida se vuelve bastante dolorosa. Si no tienes una razón para levantarte e ir a trabajar cada día, puede convertirse en una tarea muy desalentadora.

. . .

Algo como tener una semana de trabajo exitosa nos parece pequeño y sin sentido cuando nos hemos vuelto emocionalmente dependientes del alcohol. Sin una causa real para ser feliz, es comprensible que se recurra a la bebida para librarse de todo el dolor y el sufrimiento sin sentido que la vida ofrece.

El problema aquí es que si todo lo demás se vuelve superfluo, empezamos a planificar nuestra vida en torno a la única cosa que nos da alegría, que nos alivia del sufrimiento sin sentido. Empezamos a planificar nuestra vida en torno a la bebida.

Empezamos a pasar más tiempo realizando actividades que nos acercan a la sustancia. Los amigos con los que salimos, el trabajo que realizamos, todo empieza a girar en torno a la bebida.

Cuando buscamos el placer por el placer, nos deja un vacío (Frankl, 1984), un vacío que posiblemente lleva ahí bastante tiempo. El alcohol puede llenar ese vacío, durante un periodo de tiempo, pero cada vez que estamos sobrios, empezamos a sentir cómo las cosas pueden carecer de mucho sentido.

Si la vida no tiene sentido, ¿por qué haríamos algo? ¿Por qué ir a trabajar? ¿Por qué no vivir el día a día y divertirse bebiendo?

. . .

Con el tiempo, beber reducirá la cantidad de dopamina que se transporta al cerebro. Por lo tanto, la única manera de mantenerse en un estado de confort adormecedor, sería estar en un estado constante de embriaguez, sabemos que esto simplemente no es una manera sostenible de vivir su vida. No se trata sólo de las consecuencias físicas, como la diarrea regular y el daño sustancial a tu hígado e intestino, sino también del hecho de que reduce tu capacidad de ser feliz. Beber para ahuyentar la infelicidad o el aburrimiento tiene el efecto contrario a largo plazo.

El malestar y el dolor existen en la vida por una razón. No deberíamos intentar adormecer estos sentimientos. Adormecer nuestro malestar y dolor mediante la bebida hará que no podamos ser conscientes de las causas de nuestro dolor y malestar. No podremos aprender de los dolores de la vida.

Tomemos como ejemplo a los bebedores sociales. Algunos bebedores sociales pueden tener problemas para ser extrovertidos y seguros de sí mismos cuando se encuentran en situaciones sociales. El alcohol hace un gran trabajo al reducir nuestras inhibiciones, pero debemos preguntarnos: cuando estoy sobrio, ¿por qué no puedo ser la misma persona confiada y extrovertida que soy cuando bebo? La respuesta es porque para poder aprender nuevas habilidades, tenemos que salir de nuestra zona de confort, tenemos que sentir incomodidad y tenemos que prestarle atención.

Puede que haya creencias limitantes que nos impiden interactuar con otras personas de la manera que queremos. Creencias como "Soy menos que estas otras personas" o "No merezco ser amado, por lo tanto, las otras personas quieren hacerme daño". Este tipo de creencias limitantes son inconscientes y, si no se traen a la conciencia, controlarán nuestro comportamiento. Este es un ejemplo de por qué tenemos que traer nuestros dolores a la conciencia, en lugar de adormecerlos bebiendo.

Del mismo modo, ocultar los traumas del pasado y los conflictos no resueltos de nuestra infancia a través del alcohol es sólo tratar el síntoma y no la causa principal.

Averiguar qué fue primero, si la depresión o la dependencia del alcohol, es como el dilema de "el huevo o la gallina". La depresión puede llevar a la bebida tanto como la bebida puede llevar a la depresión; son condiciones que se refuerzan mutuamente.

En este capítulo se ha tratado de disuadirte de beber por diferentes motivos. Sin embargo, desanimarte a beber y, a su vez, animarte a prestar atención a tus puntos de dolor no es suficiente para ayudarte a dejar de beber. Si el estímulo y el desánimo fueran suficientes, no habría necesidad de este libro. Podrías dejar de beber sólo con el apoyo de tus familiares y amigos. Desgraciadamente, como ya sabe, no es tan fácil. Por eso vamos a ver exactamente lo que va a necesitar de su parte para poder retomar el control de su vida.

4

La Naturaleza, La Crianza Y La Bebida

Todo ser vivo forma parte de un sistema. Formamos parte de una totalidad. No estamos separados de nuestros sistemas biológicos y sociales. Cada individuo es una síntesis entre la crianza (su entorno) y la naturaleza (su herencia biológica). Por eso es importante que tengas en cuenta todos los elementos de tu vida cuando analices cualquiera de tus comportamientos, incluido el de beber. Este concepto de ver el panorama general se llama holismo. Un enfoque holístico significa que estamos mirando el cuadro completo, y tratando de entender cómo cada aspecto de nuestra vida nos ha llevado hasta el punto en el que estamos ahora.

Naturaleza

En el capítulo anterior, hablamos de cómo podemos estar predispuestos a la adicción al alcohol. Cuando se está predispuesto a un tipo de adicción, se es propenso a la mayoría de los tipos de adicción.

Es muy común ver que los jóvenes comienzan con el abuso del alcohol y luego pasan a otras sustancias o adicciones conductuales. Estar predispuesto a una adicción sólo significa que tienes un sistema dopaminérgico deficiente. Significa que, desde el principio, no hemos producido la cantidad de endorfinas que deberíamos, y tomar una sustancia sólo haría nuestra vida mucho más dolorosa. Como he dicho, la falta de producción de dopamina se asocia con la depresión y los bajos niveles de motivación. Si la crianza o la naturaleza tienen un mayor impacto en nuestras vidas es un tema de constante debate, así que para nuestros propósitos los valoraremos como iguales.

Estar predispuesto genéticamente no significa que estemos destinados a una vida miserable. Si nos damos cuenta de que tenemos antecedentes familiares de abuso y dependencia del alcohol, podemos cambiar nuestra forma de actuar para evitar que el ciclo se propague.

Los cambios en nuestro estilo de vida suelen ser suficientes para alterar la forma en que se estructura electroquímicamente nuestro cerebro. Algunas personas con casos más graves tienen que entrar en tratamiento, pero para la mayoría de la gente, una nutrición adecuada y un estilo de vida activo pueden ser suficientes para compensar cualquier predisposición a la adicción. Suponiendo que no se obstaculicen más bebiendo, por supuesto.

Neuroplasticidad es el término que se refiere a la capacidad que tenemos todos y cada uno de nosotros de aprender, adaptarnos y cambiar. Es la forma en que nuestro cerebro establece nuevas conexiones entre cada neurona.

Estos cambios se producen cuando adquirimos conocimientos, cuando tomamos conciencia de nuestros patrones de comportamiento y cuando también los cambiamos. Incluso de adultos, podemos cambiar nuestra relación con el alcohol y podemos cambiar nuestra forma de ver la vida. Al cambiar la forma de ver las cosas, las cosas que vemos cambian. Nuestros caminos no están escritos en piedra.

Nurse

Hay puntos críticos en nuestras vidas que tienen un gran impacto en cómo vemos la vida, y tienen un gran impacto en cómo se desarrolla nuestro cerebro. Las interacciones con nuestra familia durante la infancia desempeñan un papel importante. Crecer en un entorno afectado por el alcoholismo tiene profundos efectos en nuestro desarrollo.

El cerebro de un niño criado por padres alcohólicos es similar al de un veterano de guerra. (Selimbasic et. al., 2018; Volpicelli et. al., 1999)

Los tipos de trauma soportados por los niños son catastróficos, y esto es algo que debemos llegar a comprender. El factor común entre estos niños y los veteranos de guerra es la gran cantidad de estrés al que estuvieron expuestos. Una liberación constante de cortisol (la hormona del estrés) desregula el funcionamiento de nuestro cerebro. Crea personas que tienen problemas para confiar en los demás, personas que no pueden expresar sus sentimientos abiertamente y personas que son emocionalmente distantes.

Esto se debe en gran medida a los abusos y el abandono sufridos durante la infancia, experiencias que son habituales cuando se crece en un entorno alcohólico.

Un individuo inseguro es creado por una crianza inconsistente y negligente, mientras que una crianza agresiva o abusiva creará niños con una visión negativa de la vida. Cuando me refiero a las personas inseguras o que tienen una perspectiva negativa de la vida, quiero decir que la persona no tiene confianza en sí misma, no cree que todo vaya a ir bien después de un momento de dificultad. Esta perspectiva hace que no sea capaz de interiorizar una sensación de seguridad interna, un sentimiento de que aunque las cosas no parezcan tan buenas en este momento, pueden mejorar. Se supone que este sentimiento de seguridad se adquiere a través de la crianza consistente. Tener una visión sombría de la vida hace que sea realmente difícil hacer frente a las frustraciones de la vida, nos hace ver las cosas en blanco y negro. No somos capaces de ver lo bueno cuando ocurre algo malo. No podemos ver otras opciones que están por delante de nuestros obstáculos. En cambio, tendemos a centrarnos en lo malo. Esto es lo que realmente significa ser inseguro. Una persona segura, en cambio, puede confiar en que las cosas irán bien, e incluso en los momentos de dificultad, puede seguir viendo todo lo bueno de su vida.

La desconfianza y el distanciamiento emocional que se genera en las personas que han crecido en entornos alcohólicos tiene efectos perjudiciales en su capacidad de socialización. Si desconfiamos constantemente de las personas con las que nos relacionamos, nos resulta muy difícil sentirnos seguros con ellas y abrirnos.

No puedes "soltarte" y disfrutar realmente de tus interacciones sociales. Aquí es, por supuesto, donde entra en juego la bebida, ya que se eliminan las inhibiciones causadas por la desconfianza. En lugar de afrontar nuestros problemas de confianza, nos limitamos a beber y nos encontramos en una situación en la que sólo somos capaces de abrirnos con la ayuda del alcohol.

Se podría pensar que los alcohólicos son personas felices, ¿no?

¿No es por eso que todos bebemos? para ser felices? Si has vivido con un alcohólico, sabrás que no es así.

La gente cree que el alcohol ayuda a dormir. En realidad, no es así. Cuando bebes te estás sedando; sedación y sueño no son lo mismo. Nuestro cuerpo necesita cumplir sus ciclos de sueño adecuados para sentirse bien descansado y poder integrar en nuestra memoria lo que hemos aprendido a lo largo del día.

Cuando nos sedamos no estamos entrando en los ciclos de sueño profundo. Puede que estemos durmiendo la cantidad de sueño que necesitamos, pero no estamos teniendo un sueño de calidad. Si no tenemos un sueño de calidad, no estamos bien descansados, lo que nos lleva a un estado constante de pesimismo e irritabilidad, por lo que los niveles de estrés aumentan en nuestro cuerpo.

Si tomamos este estado constante de irritabilidad y estrés y lo combinamos con la incapacidad de sentir alegría por los placeres de la vida, podríamos empezar a ver por qué la violencia y el alcoholismo están tan estrechamente relacionados. Hace que sea realmente difícil para los seres queridos tratar con este tipo de personas. Para empeorar las cosas, cuando estás realmente borracho estás eliminando tu control inhibitorio. Sin el control inhibitorio, no eres capaz de regular tus emociones. Cuando no somos capaces de regular nuestras emociones o detenernos, nos descontrolamos y podemos actuar de una manera que normalmente no haríamos. En condiciones normales, no agrediríamos físicamente a nuestros seres queridos, y por eso hay mucho remordimiento en las personas que sufren de alcoholismo. Se ve a la persona pidiendo disculpas el día después, sintiendo vergüenza por lo que hizo. Cuanto más bebe, más aumenta su tolerancia, lo que le hace menos sensible a las alegrías de la vida, lo que le lleva a estar más irritable, depresivo y violento.

Como dijo el famoso psicólogo Carl Gustav Jung (1963) Si no tomamos conciencia de nuestra sombra, ésta nos controlará y proyectaremos su contenido en los demás. Si el individuo dependiente del alcohol no es consciente de sí mismo, y no se da cuenta de que el alcohol es lo que le hace sentirse miserable, empezará a culpar a los demás de su miseria. Atribuirán la culpa a todo y a todos menos a ellos mismos o a su consumo de alcohol. Dirán cosas como: "Tengo una suerte terrible" o "Bebo para olvidar la vida terrible que tengo". Si no haces consciente tu propia sombra, ésta tomará el control de tu percepción e incluso te llevará a proyectar tus propios aspectos negativos en los demás.

Como puedes ver, es un ciclo. El alcohol conduce a estados de irritabilidad infeliz.

Estos estados causan niveles extremadamente altos de estrés que llevan a la persona que bebe a ser propensa a reproducir el patrón al que estuvo expuesta. Si eres un producto de este tipo de ambiente, te invito a que seas tú quien rompa el ciclo. Sobre todo ahora que has conocido algunos de los factores que intervienen en el consumo de alcohol, podemos empezar a ver las soluciones. En los siguientes capítulos vamos a ver qué es lo que tenemos que hacer para recuperar el control de nuestras vidas y romper el ciclo.

5

De La Fuerza De Voluntad Y La Tentación A La Aceptación

La idea de que la fuerza de voluntad es suficiente para superar el Trastorno por Abuso de Alcohol (TAA) refuerza el estigma que se tiene sobre la adicción al alcohol. Como sociedad, tenemos que entender que el TCA debe tratarse como cualquier otra enfermedad crónica. No se le dice a alguien que sufre de diabetes que es su culpa por comer demasiado azúcar; no se le dice a alguien que sufre de obesidad que es autoindulgente y perezoso.

Antes creíamos que la obesidad era una pérdida de autocontrol, pero ahora sabemos que en la mayoría de los casos es una enfermedad crónica. Si creemos que la fuerza de voluntad es la respuesta para dejar el alcohol, entonces estamos diciendo básicamente que el AUD es un fallo moral, un signo de debilidad o una falta de fuerza de voluntad. Todas estas ideas sólo hacen que nos sintamos peor por el hecho de ser adictos al alcohol. La adicción al alcohol no es un fallo moral, sino una condición de salud crónica. Por eso tenemos que ser capaces de aceptar nuestros antojos y perdonarnos por tenerlos.

Tus creencias sobre el alcoholismo deben modificarse para que puedas perdonarte a ti mismo.

"Tus creencias se convierten en tus pensamientos, tus pensamientos se convierten en tus palabras, tus palabras se convierten en tus acciones, tus acciones se convierten en tus hábitos, tus hábitos se convierten en tus valores, tus valores se convierten en tu destino". - Mahatma Gandhi (1868 - 1948)

¿Qué le dirías a un amigo que se siente avergonzado por tener un problema con la bebida? ¿Qué tipo de palabras amables y cariñosas tendrías para ellos?

Ahora, dígase esas palabras a sí mismo.

Nuestra genética, los medios de comunicación, la familia en la que nos hemos criado y nuestra situación socioeconómica al crecer son cosas que no podemos cambiar. Lo que sí podemos cambiar es la forma en que reaccionamos ante estos factores. Saber que algo no es bueno para ti no es suficiente para crear un cambio. Si así fuera, el AUD y las adicciones al tabaco no serían algunas de las causas más evitables de muerte prematura. Uno de los principales errores radica en el hecho de que intentamos suprimir o eliminar nuestros antojos mediante un mero despliegue de fuerza de voluntad. Luchamos contra la tentación en un constante tira y afloja. Debemos ser capaces de perdonarnos a nosotros mismos antes de "aceptar nuestra condición".

. . .

Aceptación

La Terapia de Aceptación y Compromiso (ACT) ha ido ganando popularidad en los últimos años, principalmente en el campo de las adicciones y la prevención de recaídas. La desintoxicación es un primer paso necesario, pero la desintoxicación por sí sola no puede asegurarnos efectos duraderos. Suprimir los antojos puede ayudar al principio, pero se ha observado un efecto rebote que conduce a fuertes recaídas. La razón principal del efecto rebote se debe al uso constante de nuestra fuerza de voluntad para suprimir los antojos. El acto de suprimir los antojos supone un gran esfuerzo para nosotros, nos cansa. Si nos cansamos, y se produce un acontecimiento desencadenante, somos mucho más susceptibles de sufrir una recaída. Este efecto de recaída se correlaciona con el metaanálisis realizado por Lee et. al., (2015) donde encuentran que los efectos de la TCA tienen efectos más duraderos que las estrategias de evitación y abstinencia.

De la misma manera que debes escuchar tu dolor y tu malestar, te sugiero que también escuches tus antojos, en lugar de cansarte evitando tus antojos. Las estrategias de evitación y supresión pueden funcionar para algunos, pero para los fines de nuestro trabajo, seguiremos el enfoque propuesto por el método de la terapia de aceptación y compromiso.

Al escuchar tus antojos y aceptarlos sin juzgarlos, empezamos a crear un espacio entre nosotros y nuestros antojos, pensamientos y emociones. Dejamos de estar sobre identificados con cada impulso interno que surge.

. . .

Cuando estamos sobre identificados con nuestros antojos, actuamos de forma reactiva y automática, similar a la forma en que viven muchos animales: de forma instintiva. Un animal tiene antojo de agua, así que busca el agua sin cuestionarse demasiado. Es como vivir con el piloto automático. No nos regimos por nuestros impulsos instintivos. En cambio, podemos elegir cómo reaccionar ante nuestros propios pensamientos y antojos espontáneos.

Este acto de separarnos de nuestros antojos, pensamientos y emociones crea un "yo observador". Si pensamos en la conciencia como un músculo, al igual que cualquier otro músculo, requiere ejercicio. Para dejar de vivir con el piloto automático debemos ser capaces de romper nuestros patrones de comportamiento y crear otros nuevos. Esta capacidad es inherente a todos los humanos y se llama flexibilidad cognitiva, y es algo que podemos mejorar, algo que debemos mejorar.

Alguien que vive con el piloto automático es fácil de controlar.

Se dejan controlar fácilmente por sus emociones, sus antojos e incluso por los medios de comunicación y las influencias externas.

Hay varias formas de aumentar nuestra conciencia y nuestra flexibilidad cognitiva. Cualquier actividad que te obligue a replantearte tu forma anterior de hacer las cosas y a salir de tu zona de confort te ayudará. Algunas de las actividades más fuertes de este tipo son la creación de música, las artes marciales, el yoga y el baile.

Este tipo de actividades te sacarán de una forma de vida automática. En la siguiente sección, voy a darte un ejercicio que fortalecerá tu conciencia, y es un ejercicio que cualquiera puede incorporar a su rutina. Se llama respiración diafragmática.

Trabajo de respiración

- Llama la atención sobre tu respiración.

- Inspire durante 4 segundos, asegurándose de llenar completamente sus pulmones. Deberías ser capaz de levantar el pecho haciendo esto.

- Aguanta la respiración durante otros 4 segundos.

+ Exhala durante otros 4 segundos.
 + Mantener el vacío durante 4 segundos.

- Repite este proceso 3 o 4 veces, o tantas veces como sientas hasta que hayas entrado en un estado mental relajado.

- Si desea aguantar la respiración durante más tiempo, puede hacerlo.

Este tipo de ejercicio de respiración activa el sistema nervioso parasimpático, reduciendo la intensidad con la que se siente una emoción o un antojo y, al mismo tiempo, ralentizando los pensamientos que se agolpan en la cabeza. Si ralentizamos nuestros pensamientos y la intensidad de nuestros antojos, nos da más tiempo para reconocerlos y aceptarlos. Al practicar este ejercicio de respiración a diario, te estarás entrenando para ser más consciente de tus procesos internos. Esto creará más espacio entre un evento desencadenante y tu reacción, y podrás redirigirte, rompiendo patrones de comportamiento anteriores.

Tenemos que aceptar que es inútil intentar evitar todo el dolor y el sufrimiento de la vida. Evitar el dolor es una de las principales fuerzas motrices de cualquier adicción. La aceptación es lo contrario de la evitación. La aceptación significa elegir dejar de lado nuestra tendencia a evitar. Hemos generado este impulso de evitación como un mecanismo de defensa que necesitamos dejar ir. En su lugar, podemos elegir experimentar en el momento presente los pensamientos y sentimientos incómodos que nos llegan de forma compasiva y sin juzgar. Estar presente implica no quedarse demasiado tiempo en el pasado, lo que puede conducir a estados melancólicos depresivos, y no centrarse demasiado en el futuro, lo que conduce a sentimientos excesivos de ansiedad. Permanecer demasiado tiempo en estados ansiosos y depresivos eleva nuestros niveles de cortisol, lo que estrecha nuestra percepción de la vida. Hace que no seamos capaces de ver todas nuestras opciones reales. En su lugar, desarrollamos una forma de pensar en blanco y negro en la que sólo somos capaces de centrarnos en los aspectos negativos de nuestra vida. Una vez que nos hemos entrenado en la conciencia y la flexibilidad cognitiva, podemos empezar a identificar y aceptar nuestras ansias de beber.

No hay necesidad de suprimirlos, sino de entender por qué vienen a ti cuando lo hacen y hacer algo al respecto. Esto es importante para que podamos empezar a identificar los acontecimientos activadores que rodean nuestros antojos.

Estructura, planificación y confianza

No creer en uno mismo puede crear una gran sensación de inseguridad. Te preocupa que algo imprevisible y horrible esté siempre a la vuelta de la esquina. Esto se debe a la creencia subyacente de que vamos a volver a fracasar. Una forma de corregir esta creencia inconsciente limitante es planificar nuestra semana y crear una estructura a seguir. Cuando digas que vas a hacer algo, tal vez algo tan simple como asistir a una reunión social, debes hacerlo. Esto mejorará tu confianza en ti mismo y aumentará tu seguridad. Es imprescindible que cumplas tu palabra. No respaldar tus palabras con acciones sólo dañará la imagen que tienes de ti mismo.

Cuando hablamos de crear un plan tenemos que tener en cuenta nuestros eventos activadores que nos desencadenan. Utiliza las siguientes preguntas para empezar a identificar tus eventos activadores:

Quién: ¿Quiénes son las personas con las que asocio la bebida?

. . .

Queremos identificar a las personas que nos rodean y que estimulan nuestras ansias de beber.

¿Se trata de un grupo de amigos, de un miembro de la familia o quizá de tu pareja sentimental? Cuando se trata de amigos, es importante que tengas claro cuáles son tus objetivos en la vida. Entonces podremos empezar a pensar en cómo debe ser un amigo. Nuestros amigos deberían apoyarnos y ayudarnos a alcanzar nuestras metas, ¿no es así? O al menos acompañarnos mientras resolvemos las cosas, tanto en los malos como en los buenos momentos de nuestra vida.

No te estoy pidiendo de ninguna manera que dejes de ver a las personas que son importantes en tu vida sólo porque beben. Si uno de tus amigos bebedores significa mucho para ti, si son realmente importantes para ti, y crees que tú eres importante para ellos, intenta explorar qué otro tipo de cosas tenéis en común. Comprueba si esa persona está dispuesta a realizar otras actividades contigo. Crea un terreno común que no se base únicamente en la bebida. Si la persona no está dispuesta a hacer nada que no tenga que ver con la bebida, significa que o bien no tenéis mucho en común, o bien está haciendo de la bebida su principal prioridad. Si crees que su adicción es el problema, perdónale y dale el tiempo que necesita para resolver las cosas.

Cuando dejas de beber te das cuenta de quiénes son tus verdaderos amigos. Los que te apoyarán y los que estarán a tu lado, incluso cuando no todo sea diversión y juegos. Si uno de tus compañeros de bebida es un verdadero amigo, podrás hacer que esa persona deje de ser un desencadenante y se convierta en una persona de apoyo. Esa persona puede ser alguien a quien puedes pedir que te ayude a dejar de beber en las reuniones, y puede ser la persona que te ayude a mantenerte sobrio, en lugar de animarte a beber.

Cuando se trata de parejas románticas, la cosa puede ser mucho más complicada. La clave es tener claro cuáles son tus objetivos y valores. Te voy a ayudar a hacerlo en los siguientes capítulos. Una vez que tus objetivos y valores están claros, tienes que preguntarte si la persona con la que estás se alinea con tus valores y objetivos. Pregúntate si están dispuestos a hacer un cambio. Es decir, si están en el mismo tipo de situación que tú y si son uno de tus principales desencadenantes. Si es así, ¿están dispuestos a hacer un cambio? No puedes ayudar a alguien que no quiere ayudarse a sí mismo; no puedes salvarlo. Lo mejor que puedes hacer es predicar con el ejemplo.

Qué: ¿Qué me aporta la bebida en cada escenario concreto?

¿Qué consigues bebiendo? ¿Aumenta tu confianza en una situación social?

¿Alivia el dolor emocional y físico que sientes después de un duro día de trabajo? Tal vez no puedas dormir, así que sólo necesitas un trago rápido antes de acostarte. Entender qué es lo que se consigue con la bebida cuando se tiene un antojo es crucial. Si entendemos lo que la bebida hace por nosotros, podemos encontrar formas de sustituirla de forma eficaz.

Depende de ti averiguar lo que está haciendo por ti, practicando la conciencia, poniéndote en el papel de observador.

Algunas preguntas adicionales que puedes hacerte son ¿Cómo te sientes?

¿Por qué empezaron los antojos? ¿Qué ha sucedido que ha desencadenado los antojos?

Cuándo: ¿Existen patrones de tiempo?

El objetivo de esta pregunta es ayudarte a ver si existe un patrón, si hay ciertos momentos durante la semana o el día en los que aumenta tu necesidad de beber. Quizá sea al final del día, después del trabajo. Tal vez el viernes o el sábado por la noche. Tal vez los antojos surgen mientras estás viendo tu evento deportivo favorito. Sea cual sea el momento del día, anota estos hallazgos para que puedas empezar a notar tus propios patrones.

Dónde: ¿Dónde tenemos la mayoría de nuestros antojos? ¿Dónde bebemos?

. . .

¿Bebes en casa? ¿Bebes cuando vas al bar? ¿O es -
 ¿bebes en todos los lugares a los que vas?

Por favor, anota tus conclusiones. Cuando planifiques tu semana, quiero que tengas en cuenta tus eventos desencadenantes. Haz un plan que esté alineado con el tipo de cambio que quieres que se manifieste en tu vida.

Si esos acontecimientos desencadenantes no te sirven de nada, no es necesario que te pongas en esas situaciones. Puedes planificar tu semana en torno a otras actividades más satisfactorias.

Identificar estos desencadenantes te ayudará a pasar de vivir en piloto automático a un lugar de control y empoderamiento.

Cuando se identifica un factor desencadenante, ¿qué comportamientos puede utilizar para evitar llevar a cabo automáticamente su deseo de beber? ¿Qué pensamientos, qué emociones y qué comportamientos puedes poner en marcha para sustituir el deseo de beber? La forma más fácil de reemplazar los patrones de comportamiento existentes es a través de la estructura y la planificación. Cuando utilices la guía que aparece a continuación, intenta tener en cuenta las preguntas que has respondido anteriormente y. haz una lista. El objetivo es llenar tu vida con actividades que se alineen con tus objetivos y valores. Hablaremos de cómo encontrar tus valores si aún no los tienes muy claros. Utiliza la siguiente guía para ayudarte a planificar la semana.

- Planifique sus elecciones de comidas durante la semana y hágalas opciones más saludables.

+ Crear un programa de ejercicios.
    + Establecer un horario de sueño.

- Sé estricto con tu horario de trabajo.

- Planifique cualquier reunión social que se ajuste a sus objetivos actuales.

Microbioma y alcohol

Las ansias que nos llevan a beber no son solo nuestras. Hay microorganismos en nuestro intestino que ansían el etanol (Singh et. al., 2017). Estos organismos producen una gran cantidad de dopamina en nuestro cuerpo, por lo que pueden manipular los centros de recompensa de nuestro cerebro y enviar señales que se convierten en antojos de azúcar y alcohol.

Ahora, pensemos en cómo ocurre esto. ¿Por qué tenemos estos organismos patógenos dentro de nosotros para empezar?

. . .

Todos los tenemos; primero somos colonizados por bacterias durante el nacimiento. La mayoría de las bacterias que nos colonizan son bacterias beneficiosas con las que compartimos una relación simbiótica. El ecosistema de nuestro intestino se llama microbioma. El alcohol sirve para matar las bacterias, esta ha sido siempre una de sus principales funciones médicas.

Por lo tanto, cuando lo bebemos, disminuimos la diversidad en nuestro intestino.

Cuando disminuimos la diversidad de bacterias beneficiosas en nuestro intestino, permite que se reproduzcan organismos oportunistas (Dubinkina et. al., 2017).

Normalmente, tenemos un ecosistema equilibrado lleno de bacterias que nos protegen de los patógenos. El alcohol las elimina y permite que un género como Candida Albicans tome el control de nuestras preferencias alimentarias. Beber alcohol te llevará a tener más de estos patógenos, y estos patógenos consecuentemente aumentarán tus antojos de alcohol (Singh et. al., 2017).

Cuando se tiene un sobrecrecimiento bacteriano del intestino delgado (SIBO), se es propenso a padecer enfermedades como la depresión, la artritis, el síndrome del intestino irritable y la diarrea crónica. SIBO es el término utilizado para describir la pérdida de equilibrio dentro de su intestino. Esto es lo que ocurre cuando tomas demasiados antibióticos o consumes demasiado alcohol (Francino, 2016; Ohlsson et. al., 2019).

. . .

Matarás a tus bacterias buenas, perdiendo una de tus líneas de defensa.

Reducir el consumo de alcohol no es suficiente para equilibrar el microbioma. Hay que disminuir la cantidad de azúcar que se consume en general. En promedio, cada individuo en los Estados Unidos está consumiendo 100 gramos de azúcar por día (Di Rienzi et. al., 2019).

Deberíamos consumir 25 gramos de azúcar al día, por lo que, en promedio, las personas en los Estados Unidos están consumiendo cuatro veces la cantidad recomendada. Esto, por supuesto, conduce a SIBO de la misma manera que la bebida.

Aquí hay algunos alimentos que debe evitar si desea restaurar el equilibrio de su intestino, en consecuencia, reducir sus antojos de alcohol mientras aumenta la cantidad de dopamina que se produce en su intestino.

Alimentos con alto contenido de azúcar:

- Aderezo para ensaladas y la mayoría de las salsas (BBQ, Buffalo, Ranch, Ketchup, etc.)

+Soda
   + Caramelos

\+ Tortilla y patatas fritas
\+ Zumos artificiales
\+ Barras de granola
+Helado

- Cereales para el desayuno (los cereales que elija deben tener más de

4 gramos de fibra y menos de 5 gramos de azúcar por ración)

Mientras que el azúcar alimenta a los organismos patógenos en nuestro interior haciéndolos más fuertes, la fibra tiene el mismo efecto fortalecedor en nuestras bacterias beneficiosas. Cuanta más fibra consumamos, más matarán nuestras bacterias beneficiosas a los patógenos. Pueden competir por los nutrientes con los patógenos y matarlos de hambre. Voy a dar algunas opciones de alimentos que incluyen grandes cantidades de fibra por caloría. Como dije, la fibra ayudará a que su intestino sea más biodiverso y reducirá el impacto de las bacterias patógenas y los consecuentes antojos de alcohol.

Opciones ricas en fibra:

\+ Lentejas

- Hojas verdes
- Manzanas
- Aguacate

+ Quinoa

- Alcachofa
- Patatas dulces

+ Chocolate negro

En cuanto a la carne y los productos lácteos, no hay pruebas concluyentes de que estos productos le perjudiquen directamente a usted o a su microbioma. El problema con estos productos es la gran cantidad de antibióticos que se les da a los animales de granja para que produzcan a niveles óptimos. Los antibióticos están diseñados para matar las bacterias, por lo que es natural que su consumo excesivo empobrezca la biodiversidad de su intestino. Es imperativo que sepas de dónde provienen tus productos animales si debes consumirlos (Dudek-Wicher, Junka y Bartoszewicz, 2018). La sugerencia es que consumas menos de 25 gramos de azúcar y más de 30 gramos de fibra al día. Esto debería ayudarte a restaurar la biodiversidad en tu microbioma, permitiéndote tener niveles normales de dopamina y otras endorfinas necesarias para tu regulación emocional. Disminuir la cantidad de azúcar que consumes te ayudará a mitigar los antojos de alcohol, a la vez que te proporciona más espacio para consumir calorías ricas en nutrientes.

Actividad física

. . .

Cuando se trata de actividad física, el factor más importante es la constancia. No es necesario realizar una rutina de ejercicios super intensa. Una caminata de 20 minutos es suficiente, pero es mejor aumentar la intensidad con una carrera de 20 minutos.

El ejercicio es doloroso, y le causará molestias al principio si no está acostumbrado. El hecho de que te cause dolor es una de las razones por las que te ayuda a regular la cantidad de endorfinas que produces.

El dolor que sientes por el ejercicio estimula la producción de dopamina, ayudándote a aumentar su disponibilidad en tu cuerpo.

Junto con el aumento de la producción de dopamina, el cortisol también disminuye cuando se hace ejercicio. El cortisol es la hormona del estrés de la que hemos hablado. Esta hormona del estrés está relacionada con altos niveles de ansiedad y depresión. Si la ansiedad o la depresión son algunos de los desencadenantes que te llevan a beber, entonces el ejercicio debería ser uno de tus principales objetivos.

Ciclos de sueño

Los trastornos del sueño y los consiguientes efectos de la privación del mismo pueden desempeñar un papel importante en su camino hacia la recuperación.

. . .

Los menores de 30 años deberían intentar dormir al menos 8 horas por noche. A medida que se envejece, la cantidad de sueño profundo que se requiere disminuye (Conroy & Arnedt, 2014).

Los ciclos de sueño funcionan en intervalos de 90 minutos; después de los primeros 90 minutos se entra en el sueño de movimientos oculares rápidos (MOR). La mayoría de los sueños comienzan a producirse en esta fase del sueño. De hecho, se cree que el 80% de los sueños se producen durante la fase REM (Payne y Nadel2002).

Los sueños son bastante importantes para nuestro funcionamiento de la vida cotidiana. Tanto los sueños como la parte del ciclo del sueño REM sirven para integrar las nuevas experiencias en la memoria a largo plazo (Payne y Nadel 2002). Básicamente, se refuerzan los nuevos caminos en el cerebro mientras se está en la fase REM para asegurarse de que son lo suficientemente fuertes como para recordarlos cuando los necesitemos.

Se ha observado que cuando se bebe, no se entra en estas etapas del sueño. Por eso he mencionado que aunque el alcohol te seda, no te ayuda a dormir (Kotorii et. al., 1980). El sueño y la fase REM son tan importantes que cuando se pierde esta etapa del sueño por beber, el cuerpo busca recuperar el tiempo perdido. En las personas que experimentan síntomas de abstinencia por el consumo de alcohol se observa un rebote del sueño REM. Cuando se deja de beber, el cuerpo recupera los ciclos de sueño perdidos.

. . .

La hipótesis es que este efecto de rebote en el sueño REM es lo que explica las alucinaciones que se experimentan durante los casos graves de delirium tremens (DT). El cuerpo se ve tan privado de soñar que empieza a obligarle a soñar mientras está despierto. Todos hemos oído las historias sobre cómo la privación del sueño puede hacerte ver cosas, así que tiene bastante sentido.

Puede que esté durmiendo ocho horas, pero ¿tiene un sueño de calidad?

¿O suele despertarse cansado y aletargado? La recomendación actual consiste en dormir unos 112 minutos de sueño profundo, que es el que no contiene muchos sueños. El sueño de ondas lentas (SWS) es la etapa de sueño profundo. En esta etapa del sueño es donde se repara la inflamación y nuestros tejidos corporales. También es donde se restablece la mayor parte de la energía celular. Esta etapa del sueño se acorta mucho en las personas que intentan dejar de beber (Conroy y Arnedt, 2014).

El ejercicio de respiración que te he proporcionado, junto con la actividad física, ayudarán a reducir el estrés. Los niveles más bajos de estrés están relacionados con la mejora de los ciclos de sueño (SAMHSA, 2014).

Algunas señales a las que hay que prestar atención son:

- Dificultad para conciliar el sueño: preocupación y exceso de pensamiento.
- Movimientos excesivos durante la noche: dar vueltas en la cama.
- Despertares durante la noche.
- Somnolencia y letargo diurnos.

Si tienes problemas para conciliar el sueño, no te quedes en la cama dando vueltas. Es recomendable despertarse, tal vez incluso levantarse y realizar una actividad ligera como leer un libro hasta que vuelva a estar cansado.

La melatonina es la hormona que regula principalmente nuestros ciclos de sueño. Tomar un suplemento de melatonina a la misma hora cada noche junto con los ejercicios que hemos mencionado puede ayudarte a establecer un horario de sueño.

Esto se recomienda por encima de las opciones farmacéuticas, ya que la medicación para dormir puede llegar a ser bastante adictiva también. Los suplementos de melatonina no son invasivos y no son adictivos.

Como recapitulación, el ejercicio y el dormir bien contribuyen a un menor nivel de estrés en su cuerpo, lo que le facilitará el manejo de sus emociones y sus antojos. En cuanto a la nutrición, usted quiere reducir la cantidad de azúcares añadidos que está consumiendo, lo que reducirá sus antojos de consumir alcohol. Esto se hace matando de hambre a la población de

Candida Albicans en su intestino. El objetivo principal aquí es tener una estructura, y seguirla. Esto te da la capacidad de control sobre ti mismo.

Cuando seas consciente de tus eventos desencadenantes, planifica tu horario y las actividades de tu semana en torno a cosas que estén alineadas con tus valores y objetivos. La idea no es evitar los desencadenantes, sino llenar la semana de actividades significativas que te aporten una felicidad más duradera.

Desviarse de su horario y saltarse algunas de sus tareas puede ser una señal de alarma que puede utilizar en su beneficio.

Cuando empiece a notar que no está haciendo lo que tenía previsto hacer, sabrá que corre el riesgo de volver a perder el control. Una estructura le permitirá darse cuenta de las irregularidades en su propio comportamiento mucho más rápido.

Cuando te encuentras con emociones fuertes, ya sea la ira, la tristeza o la felicidad, cualquier emoción en una intensidad extrema necesita ser equilibrada. La recaída no se produce en los ataques de ansiedad o depresión, mucha gente bebe cuando está realmente feliz. Una vez más, tienes que separarte de la emoción, ser consciente de ella y aceptarla. Comprende por qué está ahí, pero no dejes que las emociones y las ansias te controlen. Puedes sentirlas, todo el mundo lo hace, pero no tienes que actuar sobre ellas. Estos son algunos métodos que puedes utilizar para alejarte de los estados emocionales de alta intensidad y restablecer el equilibrio. Esto también es válido para los antojos intensos.

+ Ducha fría

- Respiración diafragmática
- Hablar con una persona de apoyo sobria
- Rutina de entrenamiento/deportiva

Todos estos métodos sirven para restablecer nuestro cerebro.

Buscamos frenar cualquier pensamiento acelerado que llegue a nuestra mente, reduciendo además la intensidad de nuestras emociones y antojos. Como he dicho, lo que se busca es ralentizar el proceso para tener tiempo de aceptarse y controlarse sin juzgar y de forma compasiva. El objetivo es no vivir controlados automáticamente por nuestros antojos, sino ser capaces de tomar decisiones conscientes que se alineen con tus valores y objetivos.

6

Abordar La Causa Principal

La evitación es lo contrario de la aceptación en lo que respecta a nuestro trabajo. Vivir la vida bajo la impresión de que hay que buscar exclusivamente la felicidad y el placer es bastante peligroso. Sentimientos y sensaciones como la culpa, la soledad, la ira, el miedo y el dolor tienen un papel en nuestras vidas. No hay que ignorarlos. No aceptar partes de ti mismo hará que esas partes sean inconscientes e incontrolables.

Estas emociones, aparentemente incómodas, pueden entonces volverse más complejas al mezclarse con creencias limitantes sobre nosotros mismos, creando lo que se llama un complejo.

Los complejos son conjuntos de creencias inconscientes que tenemos sobre nosotros mismos y nuestro entorno. Se cree que un complejo es autosuficiente y semiautónomo (Jung, 1959).

. . .

El hecho de que tengamos partes de nosotros mismos que se vuelven semiautónomas si no las aceptamos es lo que hace que sintamos que estamos luchando contra nosotros mismos cuando intentamos tomar el control de nuestras vidas. Literalmente, estás luchando contra una parte de ti mismo.

El trabajo de Jung sobre la sombra se ha incorporado ahora al ámbito clínico y científico a través de la Terapia de Aceptación y Compromiso. Jung (1959) mencionó que tenemos que ser capaces de integrar o abrazar nuestra sombra, integrar y traer a la conciencia las partes de nosotros mismos que no aceptamos.

El dolor tiene sus razones obvias para existir. Siempre ha estado ahí para decirnos que estamos sufriendo algún tipo de daño, ya sea físico o psicológico. Hay que escuchar al dolor como a las demás emociones a las que nos vamos a referir en este capítulo. Hay mucho que aprender de apoyarse en el malestar y superar sus obstáculos. En nuestro sufrimiento podemos encontrar fuerza y sentido. Pensemos en el proceso de metamorfosis por el que pasa una oruga para convertirse en mariposa. Cuando la mariposa aún está en el capullo, tiene que liberarse de él utilizando sus alas recién formadas. Si alguien ayudara a la mariposa a liberarse abriendo el capullo antes de tiempo, dificultaría su capacidad de volar. La mariposa necesita liberarse por sí misma para tener la fuerza en sus alas para volar (Dass, 1979).

. . .

Este es un claro ejemplo de cómo los obstáculos y las luchas pueden darnos fuerza y de por qué hay que afrontarlos de frente y no evitarlos.

En el capítulo anterior te pedí que hicieras una lista de tus desencadenantes haciéndote algunas preguntas. En este capítulo quiero que pienses en las emociones que hacen que esos desencadenantes sean efectivos. Podemos confundirnos y pensar que los desencadenantes son las causas. Que ir a casa de nuestro amigo es lo que nos hace beber, o que estar con nuestra pareja sentimental es otro motivo. Esos desencadenantes son fáciles de culpar, ya que son externos y visibles. Las verdaderas causas no están delante de nosotros y por eso las perdemos de vista.

La culpa y la vergüenza

Muchos de nosotros buscamos la bebida para adormecer las sensaciones dolorosas que nos produce la vergüenza. La vergüenza es muy diferente de la culpa. Cuando hablamos de vergüenza nos referimos a un sentimiento o creencia inconsciente que nos convence de que somos inherentemente defectuosos. La vergüenza dice que hay algo malo en nosotros y que nuestros fallos o deficiencias son una prueba de esa verdad.

La culpa, por el contrario, es el acto de asumir la responsabilidad por actuar de una manera que va en contra de tus propios valores o de tu código moral. Es un sentimiento que te ayuda a llamar la atención sobre las áreas de ti mismo que requieren mejoras o cambios.

Cuando sentimos vergüenza, nuestro sentido de la autoestima se ve atacado. Esto ocurre debido a nuestra sobreidentificación con nuestros comportamientos y pensamientos. Ya hemos hablado de cómo el hecho de estar sobreidentificado con nuestros pensamientos puede llevarnos a actuar de forma reactiva y automática. Pues bien, también hay otras consecuencias. Estar sobreidentificado con nuestros comportamientos o nuestros pensamientos es lo que nos hace sentir vergüenza en lugar de culpa. La sobreidentificación en este caso significa que crees que ERES tus pensamientos, crees que ERES tus errores. No se hace ninguna separación entre tú y tus errores. Por eso cometer un error daña tu sentido de la autoestima.

Tu sentido de la autoestima no debe basarse en ninguno de tus comportamientos. Todos cometemos errores. Sin embargo, por muchos errores que cometas, sigues siendo digno de ser amado, sigues siendo digno de ser feliz. Tú decides cuál es tu autoestima.

Un aspecto crítico que marca la diferencia entre hacernos sentir vergonzosos o culpables es la forma en que nos hablamos a nosotros mismos. Cuando nos atacamos verbalmente, cuando nos criticamos a nosotros mismos, se activan las mismas vías en nuestro cerebro que si fuéramos atacados por una amenaza externa como un depredador.

. . .

Cuando te criticas a ti mismo, ¿te estás proporcionando retroalimentación para que puedas cambiar tu comportamiento, o te estás diciendo que eres intrínsecamente malo?

La única manera de averiguarlo es creando un espacio entre tú y tus pensamientos, disminuyendo la velocidad con la que creas estos pensamientos. Esto se consigue aumentando tu conciencia mediante los ejercicios que te proporcioné en el capítulo anterior.

Ira y valentía

Se suele pensar que la ira es una emoción negativa, sobre todo porque surge cuando detectamos una amenaza, cuando nuestros objetivos se ven obstaculizados o incluso sólo por la forma desagradable en que nos hace sentir la ira. Estar molesto o constantemente enfadado no es una sensación agradable. El ritmo cardíaco, la presión arterial y los niveles de cortisol aumentan. Ya hemos hablado de cómo puedes volverte irritable cuando bebes constantemente debido a la falta de sueño de calidad. Por lo tanto, es seguro decir que la ira causa bastante dolor a muchos bebedores que buscan adormecer su ira en lugar de escucharla y abordar la causa raíz. Esta emoción siempre nos ha ayudado a protegernos de los depredadores poniéndonos en estado de matar o morir. Es responsable de la "lucha" en la respuesta de lucha o huida. La liberación de acetilcolina y adrenalina durante los estados de ira hace que estemos preparados para actuar y nos centremos en nuestro objetivo. La acetilcolina regula nuestra capacidad de concentración, no querríamos distraernos con una bandada de pájaros volando mientras nos ataca un depredador.

Tener en cuenta que la ira puede hacernos estar preparados para actuar y ayudarnos a estrechar la mirada sobre nuestros objetivos nos da una pista sobre cómo podríamos utilizar la ira en nuestro beneficio. El hecho de que nos ayude a centrarnos en las áreas de la vida que creemos que debemos cambiar es una de las principales funciones de la ira. Estar enfadado contigo mismo o con la vida por las circunstancias que te han tocado es normal. Sin embargo, lo que decidas hacer con este enfado depende de ti. La ira está pensada para ayudarnos a lidiar con nuestros obstáculos. Es una forma de ayudarnos a aprovechar la iniciativa necesaria para ser lo suficientemente valientes como para crear un cambio en nuestras vidas.

La rabia volcada hacia el interior puede llevar a sentimientos de autodesprecio, sentimientos que pueden convertirse en tendencias suicidas si no se sacan a la luz y se tratan. Si estás experimentando este tipo de pensamientos, y a veces sientes que simplemente no quieres continuar porque no eres capaz de perdonarte a ti mismo por tus errores, quiero que tengas en cuenta esta siguiente reflexión.

Cuando quieres suicidarte, en realidad sólo quieres matar a la persona actual que eres. Eres capaz de cambiar. En realidad no quieres matarte, quieres renacer. Los mitos del renacimiento están presentes en la mayoría de las culturas, si no en todas. Uno de los más populares es el del ave fénix, que muere para renacer de sus propias cenizas, haciéndose más fuerte cada vez que muere.

Estas pequeñas muertes, crisis existenciales o colapsos emocionales que experimentamos no son agradables ni mucho menos, pero te brindan la oportunidad de reinventarte.

Una vez que tomas conciencia de que la ira está en la raíz de la bebida, puedes utilizar la iniciativa y el enfoque de la ira para crear un cambio en ti mismo y en tu vida.

No ignores tu ira: está intentando decirte algo. Está tratando de decirte que crees que algo no es justo o equitativo en tu vida, y que quieres crear un cambio. Lo mejor es que la ira puede convertirse en pasión por la justicia, la pasión necesaria para defender y proteger a los que quieres, incluido tú mismo.

Te da la iniciativa para arreglar las cosas.

Hay que tener en cuenta que la ira suele surgir como una emoción secundaria. En la mayoría de los casos nace primero de la vergüenza o del miedo. Un ejemplo de esto es cuando estás conduciendo. Supongamos que otro conductor se salta un semáforo en rojo y pone tu vida en peligro. Frenas de golpe, una reacción alimentada por el miedo, pero rápidamente tu miedo se convierte en ira cuando te das cuenta de lo desconsiderada e injusta que fue esa persona con a ti.

· · ·

Cuando la ira nace de la vergüenza, significa que tu sentido de la autoestima puede no estar arraigado internamente. Tal vez no seas capaz de aceptar bien las críticas de los demás porque te hacen sentir que eres defectuoso, por lo que desarrollas una necesidad de tener siempre la razón. Todo esto se debe a que tu sentido de la autoestima depende de lo que piensen los demás.

Aceptar el hecho de que puedes cometer un error o de que puedes equivocarte a veces mientras sabes que no vales menos por ser imperfecto realmente ayuda a estabilizar tu sentido de autoestima. La perfección no existe. La belleza de la imperfección es que siempre hay espacio para cambiar y crecer.

Siempre puedes cambiar y crecer, así que no dejes que uno solo de tus errores te haga pensar lo contrario. Tú no eres tus errores; no eres intrínsecamente malo.

El enfado que surge suele coincidir con la intensidad con la que has sentido miedo o vergüenza. Esto puede ayudarte a entender un poco mejor las causas subyacentes de tu ira o enfado.

Miedo y ansiedad

El miedo ha demostrado ser bastante útil para nosotros en un sentido evolutivo. Es el responsable del aspecto de "huida" en la respuesta de lucha o huida que nos permite segregar adrenalina para ayudarnos a escapar de los depredadores.

El miedo tiene muchas manifestaciones en nuestra realidad social. Una de las formas más populares de miedo que padecen las personas que beben es la ansiedad; que tienen preocupaciones constantes por el futuro.

Ignorar o evitar nuestros miedos significa que no nos damos cuenta de lo que realmente los alimenta.

Hay dos factores detrás de nuestros miedos. En primer lugar, nuestros miedos nacen de las necesidades que tenemos. Necesidades humanas básicas como la necesidad de sentirse seguro o la necesidad de pertenecer y ser aceptado. Sin embargo, los miedos no son simplemente expresiones de nuestras necesidades; son versiones distorsionadas de nuestras necesidades.

El segundo factor que distorsiona la expresión de nuestras necesidades son las creencias limitantes inconscientes que tenemos sobre nosotros mismos. Estas creencias nos dicen que no somos dignos, por lo tanto, nuestras necesidades no serán satisfechas a menos que hagamos algo al respecto. Con esta última afirmación puedes ver que si no estamos seguros o nos sentimos inseguros sobre cómo nos puede tratar el mundo, desarrollaremos una necesidad de controlar nuestros resultados.

. . .

El control nace del miedo asociado a la incertidumbre. La incertidumbre es inevitable en la vida, no tenemos control sobre la mayoría de las cosas en la vida. No decidimos en qué estatus socioeconómico nacemos, ni siquiera de qué está hecha nuestra herencia genética. Como dice Frankl (1984), hay factores sociológicos, biológicos y psicológicos en la vida sobre los que no tenemos ningún control, pero sí tenemos una única libertad. Es la libertad de elegir nuestra actitud ante las condiciones que nos impone la vida.

La libertad conlleva una gran responsabilidad. Es la responsabilidad de dar un sentido a tu vida, a veces aprovechando la mano de cartas que te ha tocado, y otras veces a pesar de ella (Frankl, 1984).

Entonces, si lo que podemos controlar es nuestra actitud hacia las cosas que nos suceden, ¿cómo podría esto ayudarnos a lidiar con nuestros miedos, con nuestra ansiedad?

Hay algunas ideas y sentimientos que debemos interiorizar para reaccionar de forma diferente a las circunstancias que nos asigna la vida. En primer lugar, tenemos que trabajar nuestra visión de la vida, nuestras expectativas y predicciones sobre el funcionamiento de los demás y de nuestro entorno. Los sentimientos o ideas que debemos buscar interiorizar son los de confianza, en nosotros mismos y en el universo, a la vez que estar presentes.

. . .

Nuestro sentido de la seguridad dirige la forma en que esperamos que nuestro entorno nos trate. Si estamos excesivamente preocupados por los posibles resultados de nuestra vida, significa que tememos que no nos guste lo que la vida nos depara. Esta forma de ver la vida hace que sea realmente difícil enfrentarse a las luchas de la vida. En un momento de dificultad, si no confías en el mundo en el que vives, caerás en la depresión, y eso te llevará a tener sentimientos de querer rendirte.

La diferencia entre la depresión y la tristeza es una cuestión de perspectiva.

Todos experimentamos tristeza, pero las personas que están tristes siguen recordando todo lo bueno de sus vidas, saben que aunque las cosas no estén bien en el momento actual, volverán a estarlo. Lo entienden porque han superado otras luchas en su vida. Un individuo deprimido no confía en su entorno, por lo que se llenará de sentimientos de desesperanza.

Recuerda cuando no bebías. Quiero que recuerdes uno de los momentos más difíciles de tu vida. ¿Qué te ayudó a superarlo?

La clave aquí es dejar de ver la vida en términos de blanco y negro o dejar de ver las cosas como todo bueno o todo malo.

Tus emociones no son todas buenas o todas malas. Hay muchas zonas grises. Muchas personas se dan cuenta de esto en las primeras etapas del desarrollo, pero otras no. Aceptar a los demás y a ti mismo con sus defectos te ayuda a aceptar la incomodidad de las luchas de la vida.

Practicar el agradecimiento

No ser capaz de ver lo bueno que hay en ti mismo hace que sea fácil caer en estados depresivos, mientras que no ser capaz de ver las opciones reales que tienes en tu vida y centrarte sólo en tus problemas puede hacer que te sientas terriblemente ansioso. Cada mañana, al levantarte, intenta pensar en tres cosas por las que estés agradecido. Agradece un aspecto de ti mismo, agradece que haya alguien más en tu vida y agradece un aspecto general de tu vida.

Hacer esto justo al despertar es útil, ya que es el momento del día en el que tenemos más cortisol en nuestro cuerpo. La hormona del estrés se libera en nuestro cuerpo y está en su punto álgido durante la mañana para que dejemos la comodidad de nuestra cama y nos despertemos.

La parte más importante de la gratitud es experimentar o sentir la sensación. La gratitud ayuda a reducir los niveles de estrés psicológico y mejora la calidad del sueño (Seligman, Steen, Park y Peterson, 2005). Expresar la gratitud ayuda a conseguir un estado general o de ánimo de agradecimiento que crea cambios en la química de tu cerebro. Realmente no importa si estás agradecido a Dios, a la naturaleza, al universo, a ti mismo o a la sociedad. Sólo tienes que generar ese sentimiento en tu interior.

. . .

Por eso te recomiendo que intentes ser agradecido a primera hora de la mañana y a última de la noche. Algunas personas tienen la costumbre de reflexionar sobre su día o incluso su vida justo antes de acostarse.

Esto está bien, ya que podemos revisar nuestro comportamiento durante el día de una manera más distanciada emocionalmente y hacernos una crítica constructiva sobre cómo hemos manejado las cosas, pero deberíamos limitar el tiempo que lo hacemos. Existe el peligro de quedarse atrapado en un bucle mental, repasando las mismas situaciones una y otra vez.

En el pasado me he atascado en patrones de pensamiento repetitivos por la noche.

Una noche decidí intentar forzarme a ser agradecido en ese preciso momento. Era escéptico cuando lo intenté. No creía que fuera a ayudar como lo hizo. Cuando empecé, sentí que la tensión que rodeaba mi cerebro se liberaba. Era como relajar un músculo contraído. Mi mente se abrió a otros pensamientos y opciones.

Te animo a que pruebes a sentirte agradecido mientras tienes un ataque de ansiedad, o mientras tienes en bucle patrones de pensamiento negativos y repetitivos que no te dejan dormir.

Para confiar en ti mismo, tienes que ser consciente de tus puntos fuertes y de tus limitaciones y estar agradecido por ambos.

. . .

Escribe dos puntos fuertes que tengas y dos limitaciones en tu vida. Encuentra algo bueno en las limitaciones, anota una forma en la que te hayan ayudado a crecer. Practica el sentimiento de gratitud hacia ellas. Mantén tus puntos fuertes y tus limitaciones presentes en todo momento. La gratitud, junto con un modo de vida estructurado, te ayudará a ganar confianza en ti mismo y te hará sentir una verdadera sensación de seguridad. Confía en ti mismo y confía en cómo te va a tratar tu entorno. Tener esta sensación general de confianza y seguridad realmente cambia la forma en que te relacionas con tus miedos y la forma en que percibes tus obstáculos.

El segundo concepto que debemos interiorizar, para no ser controlados por nuestros miedos, es "estar presente".

La ansiedad puede pensarse como demasiado futuro, mientras que la depresión puede pensarse como demasiado pasado (Dass, 1979). Esto nos lleva a no vivir con el piloto automático.

Cuando estamos en piloto automático, nos controlan fácilmente nuestros miedos, ya que actuamos automáticamente de acuerdo con nuestras experiencias anteriores y nuestras expectativas sobre el futuro.

Para ayudarte a hacerte una idea de cómo funcionan los mecanismos inconscientes, pensemos en un escenario cotidiano que la mayoría de nosotros hemos presenciado, si no experimentado directamente. Cuando ibas al colegio, ¿llamaste alguna vez a tu profesora "mamá"? Si no lo hiciste, quizá alguien de tu clase lo hizo. Siempre era divertido y toda la clase estallaba en carcajadas cuando sucedía.

Esto ocurre porque tenemos la tendencia a transferir nuestras emociones de una situación a otra. Es una función normal que tienen todos los seres humanos. Quizás viste o sentiste en tu profesora algunas cualidades similares a las que viste en tu madre. Una figura femenina nutritiva y autoritaria que evocaba los mismos tipos de sentimientos que tenías con tus padres. Tenemos tendencia a rellenar los espacios en blanco de lo que percibimos en cada situación utilizando nuestras experiencias anteriores y nuestras expectativas sobre el futuro. ¿Qué ves en la siguiente figura?

Son muchas las respuestas que se dan a esta pregunta.

Algunos dicen que hay un triángulo delante de tres círculos y otro triángulo detrás. La verdad es que no hay ningún triángulo en la figura. Nuestro cerebro rellena los triángulos utilizando sus expectativas sobre cómo creemos que funciona el universo físico.

Tomemos este mismo concepto y apliquémoslo a las interacciones sociales. Cuando conocemos a alguien, ¿qué parte de esa persona ves realmente? ¿Qué parte de lo que ves es sólo para rellenar los espacios en blanco con tus prejuicios y suposiciones? Estar presente en el momento se trata de aceptarte a ti mismo. Asegurarse de no atribuir características a personas y situaciones que no existen realmente.

. . .

Los prejuicios pueden ser manipulados por los medios de comunicación y la sociedad a través de influencias subliminales, como hemos comentado anteriormente. Por eso es tan importante tomarse un momento y crear un espacio entre tú y tus pensamientos, para no ser controlado por tus prejuicios.

Este acto de crear espacio te permite ser flexible, te permite adaptarte a cada situación, estar presente y actuar de acuerdo con tus valores, no con tus miedos.

Tristeza y depresión

Hemos hablado de la diferencia entre tristeza y depresión, la tristeza nos ayuda a encontrar nuestro camino, mientras que la depresión nos atrapa.
    Sentirse triste es otra forma en la que nuestro cuerpo nos dice que debemos reparar, que debemos compensar lo que se ha perdido. La pérdida es el principal factor que alimenta la tristeza. La pérdida de un ser querido es una causa especialmente fuerte de tristeza (Wolpert, 2008).

La tristeza en nuestro interior busca unirnos. Pensemos por un momento en la soledad. La soledad es una expresión de tristeza. Desde un punto de vista evolutivo, si nos separamos de nuestra tribu, probablemente sería una buena idea sentir malestar, sentir la necesidad de volver a ella. Esto evitaría que fuéramos señalados por un depredador. La unidad y la conectividad son las necesidades subyacentes que no se satisfacen cuando nos sentimos tristes.

La soledad y la pérdida de conexión son razones muy importantes por las que bebemos, pero la bebida adormece las emociones, no satisface la necesidad de conexión de forma muy duradera. Beber por soledad es un indicador de cuánto valoras el amor y el apego en tu vida. Te está mostrando que uno de tus valores fundamentales es encontrar personas con las que conectar.

Si te das cuenta de que éste es uno de tus valores fundamentales, entonces, en lugar de beber, deberías dedicar tiempo a planificar actividades que te acerquen a las personas que te importan, a establecer conexiones significativas con personas con las que compartes intereses comunes. Puedes sentirte solo incluso cuando bebes con tus amigos. Si eso ocurre, entonces tienes que entender que tus necesidades no están siendo satisfechas en los círculos sociales actuales en los que te encuentras.

Hablamos de que a veces lo único que tenemos en común con las personas que bebemos es la bebida. Este hecho es el que hace que sigas sintiéndote solo o desconectado.

Otra forma en que la tristeza nos ayuda a crear un sentimiento de conexión es a través de la empatía. Cuando pasamos por luchas y sufrimientos, nos resulta más fácil comprender también el dolor de los demás. Nos permite ser compasivos y no sentir que estamos solos en nuestro sufrimiento. La falta de empatía puede ocurrir si no sentimos nuestra tristeza. Si adormecemos nuestra tristeza, puede crearse un sentimiento de segregación. Uno empieza a sentirse solo y este sentimiento de abandono crea problemas de confianza. Ya hemos hablado de que no confiar en los demás crea una perspectiva negativa de la vida. Esta perspectiva negativa, la pérdida de conexión y confianza es lo que permite que la tristeza se convierta en depresión (Fido y Richardson, 2019).

Durante los episodios graves de depresión, sentirás que no hay salida, que no hay solución. No crees que la vida te depare nada bueno y que no te vas a recuperar. Aumentar tus niveles de empatía puede aumentar lo conectado que te sientes con la naturaleza, lo conectado que te sientes en general, lo que puede ayudarte a confiar en el mundo y a sentirte menos solo (Fido & Richardson, 2019).

Para aumentar tus niveles de empatía, puedes emprender tareas nuevas, difíciles, y salir de tu zona de confort.

Por ejemplo, decidí aprender un nuevo idioma porque quería ser más comprensiva con los inmigrantes de países de habla hispana, mi pareja en ese momento también estaba aprendiendo español. Quería entender las dificultades por las que pasaban cuando se trasladaban a un nuevo país. Al aprender un nuevo idioma, me di cuenta de lo insensible que podía ser con las luchas de los demás.

Sentirse conectado y tener una sensación general de seguridad permite recuperarse de grandes pérdidas. La conexión evita que caigas en una profunda depresión gracias a la sensación de no estar solo y de saber que las cosas pueden mejorar.

La depresión y los trastornos por consumo de alcohol van de la mano. De hecho, el 50% de individuos que son tratados por el AUD también muestran signos de trastornos depresivos mayores (Riper et. al., 2013). La desregulación de los sistemas dopaminérgicos está presente tanto en el abuso de alcohol como en los trastornos depresivos, lo cual es una de las razones por las que frecuentemente coexisten en un individuo.

La bebida y la depresión se refuerzan e intensifican mutuamente. Una de las formas en que la bebida puede conducir a la depresión es dañando nuestro sentido de la autoestima.

Cuando la bebida empieza a interferir en nuestras prioridades y en las decisiones que tomamos, es posible que decidamos salir a tomar unas copas sabiendo que podemos poner en riesgo nuestra integridad profesional y académica.

Empezamos a llamar al trabajo para decir que estamos enfermos, o dejamos de hacer nuestros trabajos escolares a tiempo.

Empezamos a defraudar a los demás, pero lo más importante es que nos defraudamos a nosotros mismos. Las incoherencias entre nuestros objetivos y nuestras acciones empiezan a acumularse, y dejamos de confiar en nosotros mismos, de creer en nosotros mismos. Un sentimiento general de decepción nos envuelve.

Nuestras relaciones sufren el mismo destino. Empiezan a ser una segunda prioridad, y empezamos a perder la conexión con algunas de las personas más importantes para nosotros.

Perdemos de vista nuestros objetivos y perdemos el contacto con las relaciones significativas que nos llenan de alegría. La pérdida es el tema clave aquí. Empezamos a sentirnos tristes por todas las cosas que perdemos. Ya no confiamos en nosotros mismos porque seguimos fallando a través de nuestro comportamiento inconsistente. Empezamos a sentir que somos intrínsecamente débiles o malos, que no hay esperanza de que las cosas mejoren. Así es como la bebida puede conducir a la depresión.

Lo peor es que entonces empezamos a beber para ahogar nuestras penas, y nos quedamos atrapados en un ciclo autodestructivo sin fin. La sociedad comienza a rechazarte, pierdes tu trabajo, pierdes a tu esposa o esposo, pierdes la hermosa relación que tenías con tu hijo o hija.

Como sabemos, los humanos tienen una necesidad de pertenencia, una necesidad de sentirse aceptados, una necesidad de sentirse conectados. Si no se satisfacen estas necesidades, siempre sentiremos que nos falta algo, que hay un agujero que intentamos llenar. Buscamos llenar ese vacío encendiendo la televisión y tomando otra cerveza. La segunda razón por la que la bebida puede llevar a la depresión es por sus consecuencias biológicas. El alcohol es un depresor: puede que te sientas animado al principio, pero a largo plazo estás disminuyendo ciertas funciones de tu cerebro que están ligadas a tu capacidad de sentirte satisfecho (Riper et. al., 2013). Los receptores de serotonina y dopamina de tu cerebro se dañan y hacen que experimentes menos alegría en tu día a día.

Las personas biológicamente predispuestas a la depresión también tienen dificultades para producir las sustancias químicas necesarias para sentirse felices y disfrutar de los simples placeres de la vida. Sin embargo, un estilo de vida saludable puede mejorar definitivamente estas condiciones. El problema es que el consumo de alcohol sólo empeora las cosas.

La depresión es en gran medida genética, al igual que los trastornos por consumo de alcohol. Si se está predispuesto a una de ellas, es más probable que también se sufra la otra (Riper et. al., 2013).

Lo más peligroso de la interacción entre la bebida y la depresión es el suicidio. Alrededor del 37% de los suicidios exitosos están relacionados con problemas con la bebida (Conner et. al., 2014).

Sabemos que el alcohol se considera un desinhibidor, por lo que cuando bebemos mientras tenemos pensamientos suicidas, podemos hacer cosas que normalmente no haríamos cuando estamos sobrios. Las personas pueden actuar sobre sus pensamientos suicidas cuando están en este estado de desinhibición.

Algunos de los mismos métodos que comentamos para reducir el estrés y aumentar las funciones de su cerebro pueden utilizarse también contra la depresión. Por ejemplo, los estudios demuestran que el ejercicio cardiovascular intenso disminuye los síntomas depresivos. En concreto, 45 minutos tres veces a la semana de jogging u otras actividades físicas más intensas pueden reducir el estrés y mejorar la perspectiva (Cicek et. al., 2015).

En cuanto al mindfulness, también ha demostrado ser muy prometedor para ayudar con la depresión.

Yo recomendaría una combinación de mindfulness y ejercicio.

Hay dos formas de arte que son conocidas por esto. El tai chi, un arte marcial chino, es ideal para todas las edades. Es físicamente exigente, pero no es duro para el cuerpo. El arte consiste en canalizar el "chi" o la energía vital mientras se es consciente de uno mismo y de los movimientos. Es una forma de meditar en movimiento. La otra recomendación es el yoga, que tiene características similares. Ambas formas de arte han crecido en popularidad y se han vuelto extremadamente accesibles para todos.

. . .

En el capítulo anterior te enseñé a realizar la respiración diafragmática. Ahora, vamos a dar un paso más.

Primero, haz el ejercicio de respiración diafragmática que te di tres veces.

- Siéntate en una posición cómoda, respirando normalmente, durante cinco minutos sin crear un pensamiento.
- Observa que los pensamientos vienen a ti. Incluso cuando no estás creando activamente ningún pensamiento, incluso cuando estás tratando de dejar tu mente en blanco.
- No reprimas los pensamientos. Permíteles entrar y simplemente observa.
- Observa estos pensamientos sin juzgarlos.
- Puedes preguntar a tus pensamientos: "¿Por qué has venido a mí en este momento?"

La meditación es estupenda para mejorar a largo plazo. Si tu depresión es realmente grave, quizá debas consultar a un médico para que pueda encontrar la combinación adecuada de medicación y psicoterapia para estabilizarte. Sin embargo, en la mayoría de los casos, las personas pueden encontrar su propio camino hacia la curación con un poco de orientación y perspicacia, por supuesto.

. . .

Como mencioné anteriormente, la depresión es un síntoma de ver la vida en términos de blanco y negro, de no poder recordar todo lo bueno de tu vida, de no poder recordar tus metas y ambiciones durante tus luchas. La depresión tiene un componente biológico, pero podemos actuar a pesar de nuestra biología. La composición química en tu cerebro puede ser cambiada por tus pensamientos, y por tus creencias (Rossouw, 2013). El hecho de que tu cerebro tenga una composición química actual no significa que estés destinado a estar deprimido o a ser adicto toda tu vida. Este es el peligro de utilizar etiquetas. Las personas tienden a culpar a su constitución biológica de su vida, sin asumir la responsabilidad de la vida que han creado.

Hablar con alguien sobre tus problemas y verlos bajo una nueva luz puede cambiar la composición química de tu cerebro. No está grabado en piedra (Rossouw, 2013).

Quiero hacer hincapié en el hecho de que debemos asumir la responsabilidad de nuestra vida. No podemos ir por ahí culpando a nuestra composición genética, al estatus socioeconómico en el que hemos nacido o a otros de las cosas que nos ocurren. Al final, tú decides lo que haces con la mano de cartas que te ha tocado. Muchas personas nacen predispuestas a la depresión y a los trastornos por consumo de alcohol, pero muchas de ellas son capaces de superar su predisposición genética. No somos sólo el producto de nuestro entorno y nuestra genética.

. . .

El hecho de que las personas no se responsabilicen de sí mismas hace que les resulte muy difícil disculparse por su comportamiento. Esto se debe a la forma automática en que viven la vida.

Una persona no puede disculparse por su comportamiento si, para empezar, ni siquiera puede reconocerlo.

Sí quiero ayudarte a restablecer tu relación con la bebida y con tus emociones, para que no sólo dejes de beber, sino que también encuentres tu camino en la vida. La idea es hacer cambios en tu vida que te hagan querer mantenerte sano.

Llénate de un propósito.

La felicidad y la manía

He hablado de que las emociones aparentemente negativas no son del todo malas, ¿verdad? Lo mismo ocurre con la felicidad y el placer: no todo es bueno. Vamos a seguir con la idea de no ver las cosas en blanco y negro, de ver lo bueno en lo malo y lo malo en lo bueno. Este concepto es antiguo, está expresado por el Yin y el Yang. Demasiado de algo bueno sigue siendo demasiado. La diferencia entre el veneno y la medicina es la dosis. Esta frase puede ayudarte a entender el concepto de equilibrio que intento expresarte.

Las personas no sólo recaen o pierden el control de su conducta de beber cuando están enfadadas o tristes. También se pierde el control cuando se bebe en momentos de extrema felicidad, como forma de celebración.

Hay una famosa historia sobre George Best, el extremo profesional del equipo de fútbol Manchester United. Sufría de AUD, y se puso sobrio tras someterse a un trasplante de hígado. Pasó un año entero sin beber, así que decidió celebrarlo. Lo celebró tomando unas cuantas copas, y seis meses más tarde murió debido a una insuficiencia hepática. Ni que decir tiene que siguió bebiendo después de su celebración. Este es un ejemplo extremo, pero casos como éste son bastante comunes.

Para hacernos una idea de cómo ser demasiado feliz o demasiado confiado también puede ser arriesgado a la hora de intentar tener el control sobre uno mismo, deberíamos ver algunos casos más extremos.

El trastorno bipolar de la personalidad es una de las afecciones más diagnosticadas en nuestros tiempos. Esto puede deberse a que todos tenemos nuestros altibajos.

Todo lo que sube, tiene que bajar, al igual que el péndulo oscila hacia la izquierda con la misma fuerza con la que lo movemos hacia la derecha. Los individuos que sufren trastornos bipolares no son personas que se sienten felices un minuto y luego tristes al siguiente. Una persona con este trastorno puede sentirse extremadamente confiada o feliz durante toda una semana, en lo que se denomina "estado maníaco", y luego las dos semanas siguientes puede estar gravemente deprimida.

. . .

Cuando una persona se encuentra en un estado maníaco, puede sentirse más extrovertida y demasiado confiada.

Esto puede llevarles a gastar un poco más de dinero, a socializar de forma inapropiada y a hacer cosas que normalmente no harían si no estuvieran en este estado de euforia. Engañar al cónyuge o a la pareja es un hecho común durante estos estados. Los estados maníacos, junto con la pérdida de inhibición que proporciona la bebida, pueden dar lugar a decisiones muy cuestionables. Durante los estados maníacos, es fácil imaginar que las personas saldrán y beberán más a menudo, principalmente para celebrar lo bien que se sienten.

Después de que la persona actúe sobre su estado de "felicidad" aumentado de forma imprudente, puede empezar a sentirse avergonzada por todas las cosas que hizo. Empieza a sentirse mal consigo misma y se deprime. En el estado de depresión, la persona pierde la motivación y deja de hacer muchas cosas. Pueden perder el interés o ser incapaces de cumplir con sus obligaciones debido a lo deprimidos que están.

Incluso puede seguir bebiendo para ahuyentar su vergüenza.

Entonces pueden empezar a sentirse avergonzados por todas las cosas que NO están haciendo. Lo que sigue es una necesidad de sobrecompensar, de empezar a intentar levantarse y sentirse mejor, de volver a un estado maníaco. La vergüenza es el factor impulsor de este ciclo. El trastorno bipolar es muy común entre las personas que beben, ya que encaja perfectamente en su estilo de vida de extremos.

Hay casos extremos, y todos podemos aprender de ellos.

Todos llevamos estas características dentro de nosotros en cierta medida, por lo que ser consciente de los patrones es importante incluso si los altibajos no son tan extremos.

La próxima vez que necesites una bebida, párate un momento e imagina cómo sería no tenerla. ¿Qué sientes? ¿Y si te permitieras sentirte así? Escucha esa sensación. Comprueba por qué ha llegado a ti.

7

Sustituir El Placer Por El Sentido

Luego te pedí que planificaras tu semana, no te pedí en ningún momento que evitaras tus desencadenantes. En cambio, el objetivo era REEMPLAZAR esas actividades con actividades más significativas y satisfactorias que se alinearan con tus valores. La idea es que no te centres en dejar el alcohol, sino en crear un cambio en tu vida y encontrarle un sentido.

La abstinencia no debe ser nuestro objetivo. El objetivo es encontrar el sentido de nuestras vidas. La abstinencia es el efecto secundario de encontrar un propósito. Tu propósito puede verse como la suma de tus valores y las interacciones entre ellos.

¿Cuáles son sus valores?

Antes de ser capaz de crear una estructura eficiente en tu vida, debes reemplazar tus patrones de comportamiento anteriores por acciones que se alineen con tus valores. Esto sólo puede hacerse una vez que hayas identificado tus desencadenantes y tus causas subyacentes no vistas.

Tus valores deben ser claros para ti, claros hasta el punto de que puedas recordarlos cada vez que alguien te pregunte por ellos. Así sabrás en torno a qué tipo de actividades planificar tu semana, desintoxicándote en consecuencia.

Existen valores comunes entre las personas. Algunos de los más comunes son la conexión, la aventura, el desafío, la creatividad y la igualdad (Harris, 2009). Si valoras la aventura, está bien, es un valor común que tiene la gente. Es la necesidad de encontrar o crear experiencias nuevas y estimulantes. Es importante que seas consciente de esa necesidad y no la ignores. Encuentra tiempo en tu semana para realizar nuevas actividades: desarrollar un nuevo hobby, conocer gente nueva o visitar un nuevo lugar. La necesidad no va a desaparecer por sí sola, así que sé consciente de ella y haz un plan para satisfacerla.

No tienes que esperar a estar completamente desintoxicado para empezar a encontrar tu propósito. Utiliza tus valores como hoja de ruta.

Incorporar nuevas actividades a tu vida y volver a conectar con tus verdaderos amigos y seres queridos de forma significativa hará que automáticamente dejes de lado tu necesidad de beber.

. . .

La desintoxicación va a ser uno de los momentos más difíciles de la recuperación. Lo más probable es que te falte el sueño y quizás estés desnutrido, lo que te hará estar irritable y con una disposición emocional frágil. A medida que empiezas a estar sobrio, tu sentido de la responsabilidad va a entrar en acción y los sentimientos de vergüenza y culpa pueden ser fácilmente abrumadores, llevándote a la depresión. La motivación es difícil de encontrar cuando se está deprimido, pero con un horario de sueño decente, algo de apoyo emocional y una dieta saludable, esta fase debería ser temporal.

La actividad física regular aumentará su tolerancia a las molestias. Siempre que te fijes un objetivo, debes intentar superarlo mientras haces ejercicio para cumplirlo. Es importante superar tu objetivo para que cada vez puedas aumentar también tu umbral de incomodidad y aumentar tu resistencia.

Esto se traducirá en que podrás manejar más molestias y estrés en tu vida diaria, ya que las sustancias químicas del cerebro que se liberan durante el ejercicio son las mismas que te harán sentir malestar en momentos desagradables de tu vida.

También tienes una sensación de logro cuando superas lo que has hecho anteriormente mientras hacías ejercicio. Pequeñas victorias.

Recuerda que el verdadero peligro reside en culpar a nuestra depresión, culpar al sistema, culpar a nuestra familia.

. . .

Este tipo de actitud puede convertirse fácilmente en un abandono, ya que te estás programando para creer que no tienes ninguna agencia/control sobre las cosas que te suceden.

Entonces la pregunta es: ¿cómo sabemos que estamos en el camino correcto?

A veces perdemos de vista nuestros valores y, en consecuencia, nuestros objetivos. Perdemos el rumbo de nuestra vida. Esto se debe principalmente a que no tenemos nuestros valores bien definidos, o quizás las prioridades entre nuestros valores no están claras para nosotros en el día a día. Las personas no dan la misma importancia a sus valores; la jerarquía de valores de cada persona está constituida de forma diferente.

La gente puede ir a la universidad porque es lo que se espera de ellos, o porque creen que es lo que se supone que hay que hacer. Sin reflexionar, algunas personas nunca se han parado a preguntarse por qué hacen lo que hacen.

En épocas anteriores no necesitábamos pensar por nosotros mismos, así que no teníamos este problema. Las instituciones, como el Estado o la Iglesia, nos decían lo que era importante.

En la época medieval, pensar y elegir tus propios valores no estaba bien visto. Te daban un camino a seguir, te decían lo que estaba bien y lo que estaba mal.

. . .

Hacer tu propio camino podía considerarse incluso una herejía, por lo que era bastante peligroso.

El estatus socioeconómico también determinaba el camino que seguías en el pasado. Si nacías como campesino o en una casta baja (sistema de estratos sociales) se suponía que conocías tu lugar y debías saber a qué aspirar. Incluso te decían cómo debías comportarte, así que no había que pensar mucho en qué camino tomar.

En nuestra era moderna, estos mecanismos de control han perdido mucho de su poder. Sentimos que somos libres de elegir nuestro camino en su mayor parte. Sin embargo, la libertad conlleva una gran responsabilidad. Eres responsable de crear tu propio camino. Hay tantas opciones y tantos caminos para elegir que algunas personas se sienten abrumadas y perdidas en un océano de posibilidades.

La felicidad no es sólo el placer. Tampoco es la ausencia de dolor o tristeza. La felicidad es una elección consciente de apreciar lo bueno a pesar de lo malo, es atenerse a tus valores, es defender lo que consideras importante en la vida. No es la perfección lo que buscamos.

Valores

Los valores son nuestra libertad, nuestra libertad para elegir un estilo de vida en lugar de otro.

. . .

Nos ayudan a decidir y priorizar. Los valores son de naturaleza jerárquica, por lo que puedes encontrar algunos más importantes que otros, lo que te permite tomar decisiones.

Vamos a utilizar las categorías del Dr. Viktor Frankl (1955) para entender mejor cómo se pueden expresar los valores. Frankl era un psiquiatra judío que fue llevado a campos de concentración durante la Segunda Guerra Mundial y sobrevivió. Adquirió una gran comprensión a través del sufrimiento que experimentó y presenció en los campos de concentración.

La primera categoría proporcionada por Frankl incluye los valores creativos, las cosas que uno crea o hace. A esto se refiere la gente cuando dice que quiere marcar la diferencia o dejar una huella en el mundo. Tal vez usted valora la igualdad, por lo que busca crear una empresa o fundación benéfica para ayudar a quienes se encuentran en circunstancias adversas.

Algunas personas encuentran el sentido de su vida a través de la ciencia, la religión, la creación de arte o simplemente marcando la diferencia en la vida de sus seres queridos. Esta acción creativa es la realización de tu potencial.

La segunda categoría es la de los valores experienciales. Son valores centrados en la receptividad de la experiencia.

. . .

Deseamos experimentar el amor, la unidad con la naturaleza, contemplar la belleza del arte y el asombro de la ciencia. Vivimos para experimentar lo que el mundo nos depara y apreciar todas sus maravillas.

La tercera categoría es un poco más compleja, y normalmente sólo recurrimos a ella en los momentos más oscuros de nuestra vida. Se trata de los valores actitudinales.

Frankl (1984) fue despojado de todo en la vida: perdió a su familia, su carrera, su casa e incluso su libertad cuando fue llevado a los campos de concentración. En ese momento no tenía ningún control sobre su vida. Los valores relacionados con la creación o la experiencia no podían ser perseguidos. Si te quitan todo, ¿qué te queda?

Tu actitud hacia tus experiencias es la única libertad verdadera que tienes en la vida. La forma en que ves tus luchas y la actitud que mantienes ante las limitaciones que te impone la vida tiene efectos sustanciales en la experiencia y el resultado de una situación.

Frankl (1984) observó cómo algunas personas en los campos de concentración enfermaban y morían más rápidamente que otras. Se preguntó por qué ocurría esto. ¿Qué marcaba la diferencia entre los que sobrevivían y los que no? Como psiquiatra, empezó a buscar patrones de comportamiento y se dio cuenta de que, poco antes de que el individuo cayera enfermo, tendía a sufrir un caso de "rendición". Se dio cuenta de que una vez que la persona se rendía, una vez que no le veía sentido a todo su sufrimiento, poco después solía caer enferma y morir.

Si no tienes una razón para vivir, si ves las luchas de la vida como un dolor sin sentido, te va a resultar muy difícil superar el sufrimiento.

¿Por qué quieres recuperarte? ¿Para qué? ¿Por qué estás leyendo este libro?

Los valores actitudinales son la forma en que reaccionamos ante las limitaciones de la vida. Estas limitaciones incluyen el tiempo, la muerte y la genética. Mucha gente no es plenamente consciente de los aspectos inmutables de su vida hasta que, tal vez, fallece un ser querido o se le diagnostica una enfermedad terminal. En esos momentos te das cuenta de que tu única libertad es cómo quieres interpretar y reaccionar ante la situación; tu única libertad es tu actitud ante las luchas de la vida.

Por otra parte, encontrar un sentido a tu sufrimiento y ser capaz de utilizarlo para crecer, para aprender, te ayudará a recuperarte de las condiciones más atroces e injustas.

No hay respuestas correctas o incorrectas cuando se trata de valores. Los eliges tú. No te los pueden dar. Sin embargo, lo que sí puedo darte es una guía que puede mostrarte cómo priorizar tus valores.

. . .

Digamos que valoras la riqueza y el éxito financiero, pero si caes enfermo, no puedes perseguir el éxito financiero durante mucho tiempo.

Lo mismo ocurre si valoras la experiencia del amor, pero la salud sigue siendo un requisito.

He aquí una pirámide de necesidades construida por Abraham Maslow para ayudarte a priorizar algunos de tus valores. Se trata de una pirámide de necesidades básicas que alimentan nuestros valores. Las necesidades básicas deben satisfacerse primero antes de que seamos capaces de trascender a nosotros mismos y hacer algo que sea más grande que nosotros. Antes de poder ayudar a los demás y satisfacer tu necesidad de contribuir a la sociedad, tienes que preguntarte: ¿me he ayudado a mí mismo? ¿He ayudado a mi familia? ¿He ayudado a mi barrio? Primero debes empezar por aceptarte y amarte a ti mismo antes de avanzar y perseguir algo más grande que tú.

Hay una distinción más que me gustaría hacer. A veces, cuando pido a la gente que nombre sus valores, pueden decir cosas como "trabajo" o "familia", y es comprensible, ya que pueden ser aspectos realmente importantes de nuestras vidas.

Sin embargo, el trabajo y la familia son medios por los que alcanzamos lo que es importante para nosotros, por los que satisfacemos nuestras necesidades. Si valoramos el amor y la conexión, nuestra familia puede ayudarnos a conseguirlo; también puede ayudarnos a conseguir un sentido de pertenencia. Si valoramos esforzarnos para ayudar a nuestra familia y progresar profesionalmente, el trabajo puede proporcionárnoslo. El trabajo y la familia son los medios para conseguir lo que es valioso para ti, no los valores en sí mismos.

Para encontrar el valor subyacente, pregúntese qué hace la familia por mí. ¿Qué obtengo de ella? Esta pregunta debería permitirte averiguar cuál es la necesidad subyacente que valoras.

Haz una lista de tus valores.

Escribe cinco valores relacionados con cosas que te gustaría experimentar en tu vida.

Ordene los 10 valores de mayor a menor importancia.

Basa tu plan semanal en los valores más importantes que tienes. Asegúrate de que dedicas más tiempo y energía a las actividades que se alinean con esos valores.

Ahora, responde a la siguiente pregunta:

. . .

¿Qué sentido le das a tu sufrimiento? ¿Cómo te han ayudado a crecer las experiencias dolorosas que has vivido?

Permítanme darles un ejemplo. Siento que mi lucha contra el alcoholismo ha ayudado a obtener la visión y la motivación necesarias para llegar a otros y ayudarles en su proceso. Siento que no sería la misma persona sin el dolor y las luchas que he atravesado.

Ahora quiero aclarar que si puedes cambiar una situación para mejor, debes hacerlo. El cambio de actitud ante los dolores de la vida sólo se aplica si no puedes crear ningún tipo de cambio en tu vida, si las cosas están fuera de tu control. Si puedes crear un cambio y no haces nada, eso es otra historia. Eso se llama masoquismo.

Si tiene problemas para encontrar algunos de sus valores, responda a esto
    pregunta.

Piensa en uno de los momentos más difíciles de tu vida, ¿qué
    ¿te ayudó a superarlo?

¿Puede ayudarte también a superar tu problema con la bebida?

La bebida puede ascender rápidamente en la lista de nuestras prioridades, principalmente porque puede ayudarnos a satisfacer temporalmente muchas de las necesidades que valoramos, como la necesidad de conectar, la necesidad de sentirse aceptado y la necesidad de aventura.

Los trastornos por consumo de alcohol pueden tener su predisposición biológica, pero el factor subyacente que conduce a la adicción es la visión de la vida de una persona. Todos tenemos la tendencia a buscar un sentido. Si no encontramos un sentido en nuestra vida sobria, buscaremos otras vías. Buscaremos escapar de esta existencia inútilmente dolorosa.

El sinsentido y el nihilismo acaban por llevarnos a creer que no tenemos mucho por lo que vivir, una idea extremadamente peligrosa y deprimente.

Se ha observado que este vacío existencial del que hablamos se produce cuando seguimos los valores de otra persona y una forma de vida que ha sido elegida para nosotros. Al fin y al cabo, nacemos en un mundo creado por otros, y podemos buscar en el exterior nuestros valores y nuestra validación emocional, permitiendo que el mundo nos diga a dónde pertenecemos y dónde encajamos.

Esta dependencia del mundo exterior para nuestros valores se produce por falta de introspección y reflexión. Hay que tomarse el tiempo de pensar qué es lo que se quiere y qué es lo que se necesita. La fórmula de la sociedad para la felicidad no se aplica a todo el mundo. Tienes que encontrar tu propio camino.

. . .

Esto es en parte el motivo por el que ves a personas que son infelices en sus trabajos y en matrimonios infelices. Es porque no son fieles a sí mismos. Intentan cumplir las expectativas que sus padres tenían de ellos, las expectativas que creen que la sociedad tiene de ellos. ¿Qué significa tener éxito y ser feliz?

¿La felicidad es ir a la universidad, conseguir un trabajo y tener hijos? ¿Es eso el éxito? Puede que lo sea para algunos, pero no para todos.

Cuando no tenemos conciencia de nosotros mismos, acabamos viviendo con el piloto automático y haciendo cosas porque se supone que es así como debemos hacerlas. Acabamos por no cuestionarnos demasiado a nosotros mismos, confiando en el exterior para nuestro sentido de la dirección, para nuestro sentido del propósito.

Vivir de acuerdo con los valores impuestos externamente es un factor que conduce al vacío existencial en la vida, el segundo es perseguir el placer y la felicidad. Perseguir el placer y la felicidad por el placer y la felicidad provocará el efecto contrario.

Esto se llama la paradoja hedónica.

Te hablaré del sexo y de su papel en una relación monógama para entender mejor cómo funciona la Paradoja Hedónica.

. . .

Digamos que tu objetivo en el sexo es experimentar un orgasmo, lo que significa que buscas el sexo como un medio para obtener placer directamente. Cada vez que tiene relaciones sexuales con su pareja, está programando su cerebro para ver a su pareja como un objeto por el que obtiene placer.

La saciedad que siente la gente después de un orgasmo puede darnos una pista de cómo y por qué la gente se aburre de su pareja romántica.

Después de un orgasmo, a veces las personas ni siquiera quieren que las toquen, sino que actúan como si "tuvieran lo que querían", ya que se produce la sensación de saciedad. Esta saciedad repetida acaba por hacer que te sientas aburrido en tu relación. Buscar el placer por el placer nos deja un vacío existencial, y el aburrimiento es uno de los indicadores clave de que estamos viviendo nuestra vida de forma centrada en el placer. Buscar evitar el dolor y buscar el placer es el objetivo de las personas que viven de esta manera. Este tipo de interacción puede ayudar a explicar las crecientes tasas de divorcio en nuestra era moderna.

Como con cualquier otro objeto o droga, ganamos tolerancia a sus efectos placenteros. A medida que pasa el tiempo, recibimos cada vez menos placer del objeto, lo que hace que tengamos que consumir más, o buscar ese mismo placer en otras actividades o personas. Por otro lado, si tu objetivo hacia el sexo es establecer un vínculo y expresar aprecio por tu pareja, las cosas pueden desarrollarse de forma diferente. A través del vínculo y el aprecio mutuo, el orgasmo y el placer deberían ser el efecto secundario de una interacción significativa, no el objetivo en sí mismo.

Para el buscador de placer, la pregunta se convierte en: "¿Cuánto placer puede darme (o me puede dar)?". Una vez que una persona o un objeto pierden su capacidad de proporcionar ese placer, o de proporcionar tanto placer como antes (una circunstancia inevitable), entonces el objeto o la persona pierden su valor y se descartan por algo que promete ser más placentero (Nakken, 1999).

En este mismo sentido, perseguir directamente la felicidad o la riqueza puede resultar una tarea mucho más difícil de lo que debería. Seguir tu propósito y entregarte a lo que la vida tiene reservado para ti, haciendo algo más grande que tú mismo, traerá riqueza y felicidad como efectos secundarios. Por eso es tan importante creer en el trabajo que haces día a día. Debes dar un sentido a tu lucha. De lo contrario, puede llegar a ser tan insoportable que necesitemos encontrar una forma de sedarnos al final del día.

Nuestro objetivo aquí no es sólo recuperarse de la adicción, sino restaurar el sentido y la emoción de su vida, de modo que las necesidades que usted satisface a través de la bebida pueden ser satisfechas a través de una realización más duradera. No quiero que cambies tu comportamiento, sino que mires dentro de ti. El cambio en tu comportamiento vendrá como un efecto secundario de reunirte con tu propósito, de mirar hacia adentro.

Frankl (1984) menciona que no podemos entender la adicción al alcohol sin el término vacío existencial. Este es un término utilizado para describir la falta de sentido en la vida de una persona. Cuando no actuamos de acuerdo con nuestros valores y no satisfacemos nuestras necesidades subyacentes, tenemos esta sensación de vacío existencial. El vacío existencial es una experiencia dolorosa que tratamos de ahuyentar buscando el placer, pero sólo llenamos ese vacío momentáneamente.

Puede que sientas que te falta algo, que la vida te parece aburrida, y eso es porque te falta un propósito, un sentido.

El placer y la felicidad no deben buscarse por sí mismos. Son efectos secundarios de vivir una vida con sentido, de actuar de acuerdo con tus valores.

Superar tu sufrimiento y no hacerte la víctima de la biología y la sociedad es lo que va a generar el cambio en tu vida.

Cuando estés creando la estructura, de la que hablamos en el capítulo anterior, no busques evitar las actividades que te activan. Por el contrario, céntrate en incluir actividades que te acerquen a los valores que has escrito. Esas actividades serán mucho más significativas para ti.

. . .

Parte del problema de la recuperación radica en el hecho de que cuando se utiliza la bebida para adormecer el dolor, se pierde el aprendizaje de otras estrategias de afrontamiento eficaces. Todos deberíamos desarrollar mecanismos de afrontamiento saludables para lidiar con el dolor y las luchas de la vida.

Ya sabes lo que hay en el camino de la adicción, así que ¿por qué no descubrir lo que ocurre cuando eliges alinearte con tu propósito?

¿Por qué no descubrir lo que ocurre cuando eliges seguir un camino diferente?

La estructura puede ayudar a reconstruir las vías en nuestro cerebro que asociamos con sentir que estamos en el camino correcto. Cuando bebemos, todos nuestros mecanismos de afrontamiento se asocian con la bebida. Entrenamos a nuestro cerebro para que sepa qué hacer cuando nos sentimos ansiosos, deprimidos, enfadados, avergonzados o felices. Sabe que la respuesta a cada situación es beber. Esto es lo que significa la raíz latina de adicción (addictus). Es un término que hace referencia a la idea de un esclavo. En nuestro contexto, significa ser esclavo de un único mecanismo de afrontamiento. Eso te ha ayudado a lidiar con la vida durante tanto tiempo que se convierte en la única respuesta a las luchas de la vida.

. . .

Mediante el plan que te propongo, tu cerebro reconocerá y buscará otras fuentes de felicidad. De la misma manera que el entrenamiento de un animal se refuerza cuando encuentra comida en un lugar determinado, este refuerzo es la forma que tiene el cerebro de decirnos que estamos en el camino correcto.

Así que, cuando estés en el camino "correcto", el camino que elegiste, tu cerebro segregará endorfinas para permitirte disfrutar de las pequeñas victorias de la vida, de los placeres sencillos de la vida. Acabarás reprogramando tu cerebro a través de la estructura al permitirte experimentar la vida, permitiéndote realizar tu verdadero potencial de creación.

La tentación es mínima cuando se sigue una estructura. Dejas menos espacio para el debate interno sobre lo que tienes que hacer. Si te pones en marcha y haces un plan, síguelo. No dejes que tus ansias calenturientas te convenzan de abandonar el plan que estableciste con la mente fría.

Ser incoherente contigo mismo es peligroso y te hará sentir que no puedes confiar en ti mismo, que no tienes el control.

Cuando renuncias al control, te rindes, y ese es el verdadero peligro de la adicción.

En los primeros capítulos, hablamos de cómo estamos programados y de cómo estamos condicionados para llevar a cabo muchos comportamientos, pensamientos e incluso antojos de forma automática. La conciencia y la flexibilidad cognitiva fueron las herramientas prescritas para liberarte de los patrones de comportamiento automático. ¿Qué harás con esta libertad? ¿Qué harás una vez que seas consciente? ¿Pondrás los próximos días, semanas y meses de tu vida en hacer lo que te importa?

¿Qué te llena de vitalidad?

8

Codicia, Envidia Y Consumismo

Estamos en una época de comodidad en la que solo hay que pulsar un botón para que te lleven la comida o la ropa a la puerta de tu casa, se podría pensar que la gente sería feliz. En cambio, el suicidio, la depresión, los diferentes tipos de adicción y la ansiedad se encuentran en su punto más alto (Planap & Hest, 2019; SAMHSA, 2013; Stossel, 2013).

Esto se debe principalmente a la forma en que el materialismo y el consumismo nos afectan. Afectan a la jerarquía de nuestros valores y nos alejan de lo que es verdaderamente importante para nosotros. Nos proporcionan placeres temporales que no satisfacen muy bien nuestras necesidades intrínsecas.

El consumismo se convierte en una estrategia de afrontamiento, y así es como se programa tan profundamente en nosotros. Utilicemos la satisfacción del hambre para entender mejor este concepto.

. . .

Cuando tienes hambre puedes comer una comida rica en fibra como las lentejas o puedes comer un trozo de tarta de queso.

Ambas cosas satisfarán tu necesidad inmediata de hambre, pero si sigues utilizando la tarta de queso para satisfacer tu necesidad, con el tiempo, la elevada cantidad de azúcar tendrá efectos catastróficos en tu cuerpo.

Hay estrategias de afrontamiento más beneficiosas cuando se tiene una necesidad que debe ser satisfecha. Hablar con alguien, hacer ejercicio, crear arte son grandes ejemplos de estrategias de afrontamiento beneficiosas. Las estrategias de afrontamiento menos saludables funcionarán, pero tienen consecuencias a largo plazo.

Quiero que te des cuenta de por qué los trastornos por consumo de alcohol y las adicciones al placer son tan prominentes.

Realmente no estás solo en esto.

Hay una razón por la que el suicidio, la depresión, la ansiedad y la adicción están aumentando en nuestra era actual. Tiene que ver con la Revolución Industrial y, posteriormente, con la Revolución Tecnológica. Nuestros sistemas económicos basados en el consumismo y el auge de los medios de comunicación social, que conllevan una validación social instantánea, cultivan la prioridad de los valores basura.

. . .

Por valores basura me refiero a valores huecos y egoístas. El profesor Tim Kasser (2002) lleva 25 años investigando la relación entre la depresión y los valores huecos. Ha encontrado una correlación entre la depresión/ansiedad y tener lo que se denomina valores extrínsecos relacionados con la obtención de más dinero y posesiones, así como con el deseo de ser bien visto por los demás. Las personas que dan prioridad a estos valores materialistas son más propensas a sucumbir a la depresión y la ansiedad.

Los valores intrínsecos son todos los valores de los que hemos hablado hasta ahora. Son valores relacionados con marcar la diferencia, crear un cambio positivo en el mundo, experimentar el mundo e incluso nuestra actitud hacia el sufrimiento. La recompensa que se deriva de estos valores proviene del interior. Los valores extrínsecos están ligados a recompensas externas, en estos valores obtienes tu sentido de autoestima de otras personas y a través de las posesiones.

Uno de los principales problemas de obtener tu sentido de autoestima a través de tus posesiones es la forma en que el consumismo devalúa tus posesiones actuales. Siempre habrá una actualización, e incluso se te hará creer que eres inferior si sigues teniendo el modelo más antiguo del nuevo teléfono que salió al mercado. Utilizando la envidia para motivarte a seguir consumiendo, nunca experimentarás una verdadera satisfacción duradera, ya que el propio sistema económico se basa en la insatisfacción constante del consumidor. Si la gente estuviera más o menos satisfecha, la demanda general del mercado disminuiría.

. . .

Hemos hablado brevemente de que tu sentido de la autoestima debe estar basado en tu interior. Cuando basas tu autoestima en lo que piensan los demás, puede hacer que tu autoestima se vuelva muy frágil, y siempre cambiante.

Los valores extrínsecos incluyen el deseo de ser físicamente atractivo, tener el último coche, la casa más grande para llamar la atención. En otras palabras, estos valores materialistas están ligados al dinero, al estatus y a la admiración.

Todos tenemos una combinación de valores intrínsecos y extrínsecos. El problema existe cuando empezamos a sacrificar todos nuestros valores intrínsecos por los materialistas. Un ejemplo de esto es trabajar una cantidad excesiva de horas extras en busca de un aumento de sueldo para mejorar tu estatus social, lo que sacrifica los valores intrínsecos del amor y de pasar tiempo con tu familia y seres queridos.

Es necesario un equilibrio entre estos dos tipos de valores. Dedicar más tiempo a los valores intrínsecos te mantendrá más feliz y satisfecho durante más tiempo, lo que hará que no necesites beber.

Piensa realmente en la cantidad de tiempo y energía que dedicas a las cosas que más te importan.

Nuestro sistema económico refuerza los valores vacíos, la codicia, la envidia y la gratificación instantánea.

. . .

Esta carrera hacia el consumo, este sistema económico competitivo en el que nos encontramos, nos ha privado de un sentido de pertenencia, de un sentido de comunidad y de cooperación.

Ha surgido el individualismo y con él la envidia, el nihilismo (sensación de falta de sentido) y el hedonismo (búsqueda del placer y evitación del dolor).

Hay una diferencia entre la envidia y la admiración de los demás. La diferencia entre estas dos es similar a la diferencia entre la culpa y la vergüenza. La envidia se basa en la premisa de que no eres tan bueno o que te sientes inferior a los demás por no tener lo que ellos tienen. Es un ataque a tu autoestima, que puede llevarte a sentirte inútil. Está bien aprender de los demás, mirar el éxito de otros y reconocer que tienes la capacidad de prosperar como ellos, pero también estar agradecido por lo que tienes. Estar agradecido por lo que ya tienes te llevará a una sensación general de satisfacción, y el efecto secundario será el progreso.

Nuestro sistema económico no se nutre de la gratitud. Busca devaluar lo que tienes para que te deshagas de él y vuelvas a consumir. El consumismo nos enseña que no debemos estar satisfechos en ningún momento. Siempre hay una actualización de tu móvil actual, de tu símbolo de estatus social. Este afán por comprar nuevos artículos y estar insatisfechos con los antiguos crea en nosotros sentimientos de vergüenza y envidia.

. . .

No hay lugar para la gratitud en la forma en que se nos muestra para vivir nuestras vidas.

Si tienes un teléfono antiguo, puede que sientas la necesidad de menospreciarte a ti mismo antes de sacar tu teléfono diciendo cosas como: "Sí, ahora voy a sacar mi dinosaurio".

El mecanismo por el que el capitalismo te hace querer consumir más es a través de la envidia y la vergüenza. Cuando ves a otra persona con un teléfono nuevo, te dan ganas de ponerte al día, te dan ganas de adquirir el nuevo aparato.

Nos enseñan que debemos sentirnos avergonzados por no tener el mejor coche o la casa más grande. El consumismo nos dice que estas deberían ser las cosas por las que nos esforzamos en la vida, que deberían ser lo que consideramos de valor.

Por desgracia, no todo el mundo puede estar a la altura de los estándares que la sociedad nos impone. Los estándares de belleza irreales, la compra innecesaria de nuevos productos cada año que no hacen más que saciar la necesidad de sentirnos superiores a los demás, nos desconectan aún más de nuestra comunidad al hacernos individualistas y competitivos.

Los nuevos artículos y la búsqueda constante de satisfacción sustituyen a la propia satisfacción como valor social que nos transmiten los medios y las formas de comunicación más invasivas.

. . .

El consumismo presenta la consecución constante de objetivos materialistas como el único camino hacia la prosperidad y la felicidad.

El mensaje subyacente acaba siendo: "Compra más cosas. Ve a trabajar. Siéntete mejor para poder comprar más cosas". Para muchas personas, consumir se convierte en uno de sus propósitos en la vida (Campbell, 1989). Si realmente hiciera feliz a la gente, quizá no estaríamos hablando de ello ahora, pero realmente no es satisfactorio. La gente piensa que cuando consiga esa casa nueva, será feliz; cuando termine su carrera, se sentirá realizada, y así sucesivamente. Siempre tienen una excusa antes de ser felices, una serie de condiciones que deben cumplirse primero. Si sigues esta línea de pensamiento, nunca estarás satisfecho. Por eso es tan importante la gratitud. Debes ser feliz ahora, agradecido por lo que tienes ahora. Puedes progresar, pero estar satisfecho con lo que tienes.

Este es el mensaje problemático que se está lanzando. Las personas y los objetos sólo son buenos hasta que aparece el siguiente mejor, momento en el que se puede deshacer de lo antiguo. ¿Crees que esto se aplica también a la forma en que nos tratamos unos a otros?

Al estar en desacuerdo con los demás por la naturaleza competitiva del consumismo, empezamos a sentir que nos falta ese sentido de conexión que anhelamos, y esto refuerza el hecho de que sólo obtenemos aprobación a través de lo que poseemos.

Esto nos da un falso sentido de pertenencia, convirtiendo a los demás en medios por los que obtenemos placer, convirtiendo nuestras relaciones en cosas que podemos consumir y de las que podemos deshacernos una vez que las cosas se complican o son difíciles.

¿Has conocido alguna vez a alguien que parece no poder permanecer en una relación más de unos pocos meses? Parece que siempre encuentran algo que no les gusta de la persona. Eso es porque siempre habrá algo que no nos guste de todos, nadie es perfecto. El amor es elegir estar con alguien a pesar de lo malo recordando siempre lo bueno. Es importante aceptarlos y aceptarnos con nuestros defectos. La codicia es otra similitud que el consumismo comparte con la adicción.

El término "juerga" habla de un modo de vida codicioso en el que perseguimos el placer y la satisfacción sin importar el coste, sin pensar en las consecuencias. Este tipo de actitud puede decirnos un par de cosas sobre por qué nuestro planeta está en el estado en que se encuentra. Buscamos producir y consumir cada vez más, ya que nuestro sistema económico se basa en el crecimiento continuo, sin quedar nunca satisfechos.

Nuestro planeta tiene recursos limitados, por lo que este tipo de búsqueda codiciosa de desarrollo y consumo tendrá sus consecuencias, pero la gratificación instantánea nos ciega de este hecho.

Es interesante ver las similitudes que la adicción comparte con nuestros sistemas de explotación ecológica. El individuo adicto persigue el placer y la satisfacción sin pensar demasiado en las consecuencias, preocupándose sólo de la gratificación instantánea. Si sólo nos importa la gratificación instantánea, no pensamos en las consecuencias futuras, ni en el impacto que nuestras acciones pueden tener en los demás. La gratificación instantánea es egoísta e individualista por naturaleza.

Para introducir adecuadamente el vínculo entre las adicciones y el consumismo vamos a definir el término de atracón. El concepto de atracón se caracteriza por el consumo excesivo, impulsivo e incontrolado de un objeto en un periodo de tiempo limitado, por una sensación de pérdida de control, por una excesiva sensibilidad al aburrimiento y la búsqueda de sensaciones siempre nuevas, y finalmente por una autoestima distorsionada (Passini,2013, p.371)

Las características de un individuo con tendencia a los atracones son las de una persona que tiene problemas para ser consciente del sentido de la temporalidad. No es probable que piensen más allá del momento presente. Además, hay una preferencia por la acción sobre el pensamiento, junto con la incapacidad de proporcionarse a sí mismo retroalimentación.

Al decir que se retroalimentan, me refiero al constructo que llamamos "conciencia". La conciencia puede hacer que te detengas y pienses dos veces antes de hacer algo. Dado que las personas con tendencia a los atracones, como los tipos de personalidad adictiva, prefieren la acción al pensamiento siendo impulsivos, hay muy poco espacio para que tu conciencia te hable.

. . .

La estructura que llamamos conciencia es un término bien estudiado y definido por el padre del psicoanálisis, Sigmund Freud. Lo llamó el Superego. Según el psicoanálisis, nuestra conciencia se construye a través de la interiorización de las normas sociales impuestas primero por nuestros padres y después por el Estado, la escuela o la religión.

Comenzamos a trazar nuestra brújula moral a partir de nuestras interacciones con estas instituciones sociales (Freud, 1973).

¿Qué tipo de valores y normas sociales transmiten nuestras culturas consumistas?

Instituciones como la escuela, el Estado y la Iglesia han perdido su capacidad de influencia para dirigir. Nuestra relación con la autoridad ha cambiado. La gente ahora busca sus propios sentidos de dirección a través de otras fuentes, como los medios sociales.

No podemos permitir que los medios de comunicación nos digan lo que es importante en la vida, tenemos que ser capaces de mirar dentro de nosotros mismos y elegir nuestros propios caminos. Muchos de nosotros empezamos a beber porque es una actividad socialmente aceptable. No sólo es socialmente aceptable, sino que se considera "cool". El mensaje que se nos transmite es que la vida sólo consiste en divertirse, que siempre debemos ser felices y que si no eres feliz estás haciendo algo mal. Si has tenido un día duro, no te sientes y te enfades por ello, ¡toma una copa!

. . .

Que la tolerancia sea otro factor de un modo de vida codicioso es un pensamiento aterrador. Nuestra codicia nos hace querer más y nuestra tolerancia nos hace necesitar más. ¿Cómo puede afectar esta forma de vida a nuestro planeta? ¿Es sostenible? A medida que nuestra tolerancia aumenta, nuestra insatisfacción constante nos lleva a desear cada vez más. Esto es ideal para que el consumismo prospere.

Por desgracia, la avaricia no sólo se ve como algo normal en nuestra sociedad, sino que en realidad es necesaria para que nuestro actual sistema económico siga sosteniéndose.

Cuando vivimos sin preocuparnos de nadie más que de nosotros mismos, empezamos a perjudicar a los demás. Hay una gran desigualdad económica en los tiempos que vivimos y tampoco va a quedar nada para las generaciones venideras.

Esa es la verdad del asunto, como afirma Passini (2013), la búsqueda del placer es una búsqueda egoísta e individualista.

Buscamos sentir placer a costa de los que nos rodean, y ni siquiera acabamos siendo felices. Trascenderse a uno mismo y estar al servicio de los demás te aportará una satisfacción mucho más duradera, que perseguir ciegamente diferentes formas de gratificación instantánea como la bebida.

Como he dicho el consumismo se basa en la insatisfacción. Un producto que te satisfaga de forma duradera no es rentable y, como sabrás, el alcohol es bastante rentable. El mercado necesita jugar con nuestras necesidades; satisfacerlas indefinidamente no es bueno para el negocio.

Por eso, en particular, los productos que consumimos deben estar diseñados de forma desechable, lo que nos obliga a volver a consumir creando más insatisfacción.

El consumismo "asocia la felicidad no tanto a la satisfacción de las necesidades [...], como a un volumen e intensidad de deseos siempre crecientes, que implican a su vez un uso rápido y una rápida sustitución de los objetos destinados y esperados para satisfacerlos" (Bauman, 2007, p. 31 citado en Passini, 2013).

La cultura del consumo prefiere la impulsividad a la reflexión.

Necesita que la gente gaste su dinero sin pensar demasiado en las consecuencias o en la deuda que puede contraer. Lo que importa es la forma en que el consumo nos va a hacer sentir en este mismo instante. La paciencia y el aplazamiento del placer se vuelven casi imposibles debido a la forma en que estamos programados.

Si no eres capaz de posponer la gratificación, no podrás elegir salir a correr en lugar de tomar una copa. No serías capaz de elegir hacer cualquier tipo de trabajo en lugar de actividades más placenteras.

. . .

Así que la gratificación instantánea se convierte en un hábito extremadamente peligroso para las personas que sufren trastornos por consumo de alcohol. Esta incapacidad para retrasar la gratificación y la falta de autorreflexión que la sociedad estimula en nosotros no dejan lugar a dudas de cómo la sociedad puede estar creando personalidades más adictivas.

La falta de autorreflexión se ve reforzada y exigida por el consumismo.
 Necesitamos que la gente gaste su dinero en el momento sin pensar en las consecuencias. Hay que entrenar a la gente para que sólo se preocupe de cómo se siente en ese momento.

La impulsividad y los valores extrínsecos son cultivados por el consumismo.

Actuar impulsivamente y pensar sólo en su satisfacción a corto plazo impide a las personas sentirse responsables de sus actos.

Su pérdida de control se encoge de hombros diciendo: "Sólo hago lo que me apetece", sin darse cuenta de que en realidad no tienen el control de sí mismos. Vivir de forma automática no reflexionada facilita que el consumismo te controle. Se limitará a jugar con tus gustos y disgustos, atrayéndote y repeliéndote a su antojo, ya que no hay espacio para reflexionar sobre tus acciones.

. . .

Por eso la gente acaba culpando al "sistema", pero culpar al sistema no es más que seguir la tendencia de no asumir la responsabilidad de tus propios actos.

No digo que todo el mundo sea víctima del consumismo. Hay personas que pueden llevar una vida satisfactoria. Esto se debe principalmente al hecho de que pueden retrasar su gratificación e incluso apoyarse en la incomodidad. Lo hacen porque tienen un objetivo mayor o valores que siempre tienen en mente.

Bajo la impulsividad se esconde el miedo. Hay una visión negativa del mundo, una cierta sensación de inseguridad. Las personas impulsivas no están seguras de que vayan a recibir alguna vez una gratificación, no están seguras de que vayan a alcanzar sus objetivos. Consumir ahora, perseguir la gratificación instantánea resulta mucho más atractivo, ya que garantiza al individuo que va a recibir la gratificación sin ninguna duda. Incluso si la gratificación instantánea tiene mucho menos valor, seguirá siendo preferida a la meta que parece tan lejana que quizá nunca llegue. Podemos ver cómo el consumismo puede adormecernos en un estado constante de comodidad, del mismo modo que lo hace la bebida. Lenta, pero seguramente nos separa de lo que realmente nos importa.

Una visión del mundo cooperativa, en contraposición a una competitiva, puede ayudar a satisfacer las necesidades de conexión y aprobación que se tienen mucho más que el estatus social o el atractivo físico. La idea es dejar de ver a las personas como obstáculos, rivales u objetos que utilizamos para conseguir nuestros objetivos. Una visión utilitaria del mundo sólo te llevará a sentirte aún más desconectado.

Lo que es calificado como valioso por nuestras políticas se convierte en lo que los medios de comunicación hablan, y esto a su vez hace que sea lo que nos importa. Nuestra sociedad es una de las formas en que se nos dice cuáles deben ser nuestros valores.

¿Cómo se mide el progreso en su sociedad?

El crecimiento y la prosperidad de la mayoría de las sociedades se miden por el PNB/PIB del Estado. Así, la forma en que las sociedades miden el progreso es a través de los ingresos, a través del dinero, lo que a su vez nos enseña que la obtención de dinero debe ser uno de nuestros valores fundamentales.

El problema es que cuanto más te centres en valores extrínsecos como el dinero, la imagen y el estatus, menos valiosos percibiremos valores como el igualitarismo, la conexión, el crecimiento personal y el altruismo. Centrarse en los valores materialistas expulsará los valores más significativos, y cuanto más centrado estés en los valores extrínsecos, más posibilidades tendrás de sufrir adicciones y depresión (Kasser, 2018).

Cuando te hice buscar tus valores en el capítulo anterior, ¿cuántos de ellos estaban relacionados con preocupaciones materialistas? El bienestar se asocia a tener más valores intrínsecos, así que intenta tenerlo en cuenta mientras aclaras y descubres tus valores.

Cuanto más inseguro te sientas, más gravitarás hacia los valores materialistas, que solo te aportarán menos felicidad, lo que te hará menos seguro (Kasser, 2018). Una menor realización crea el vacío existencial del que hemos hablado. A la inseguridad se llega a través de entornos familiares y sociales incoherentes. Llega por una crianza negligente o abusiva. Buscamos llenar ese vacío que sentimos desde los valores vacíos que nos han enseñado a perseguir bebiendo. Por eso quiero pedirte que no te castigues por tu adicción. Asume la responsabilidad ahora que eres consciente y crea tu cambio.

9

Un Compromiso Valiente, El Perdón Y La Resiliencia

El camino de la recuperación no es necesariamente una aventura. Gran parte de él consiste en adaptarse a una rutina y a una estructura que te acerque, paso a paso, a tus objetivos. A veces, darás un paso adelante hacia tu potencial, otras veces unos cuantos pasos atrás.

Hasta este momento, te he pedido que te aceptes, te perdones y tomes conciencia de ti mismo. Te he pedido que te aceptes sin juzgarte y que tomes conciencia para que te liberes del condicionamiento de la biología y del consumismo.

La flexibilidad es la clave de la libertad y también de la resiliencia.

Hay una vieja historia india sobre cómo el río Ganges arrancaba todos los grandes pinos de raíz pero dejaba la hierba alta y los sauces llorones.

Verás, la resiliencia no consiste en ser rígidamente fuerte e inamovible, ni en tener la inquebrantable fuerza de voluntad de un buey. Se trata de ser flexible: si no te doblas, te rompes. Ser flexible y adaptarse a cada situación y a cada dificultad y volver a levantarse es lo que significa esta historia. Es una historia sobre la resiliencia.

No puedes controlar la mayoría de las cosas que ocurren en la vida, así que debes adaptarte. Si tienes una recaída, perdónate a ti mismo y vuelve a levantarte. La clave de la resiliencia y la capacidad de perdonarse a sí mismo es recordar que uno no es sus errores. Todos cometemos errores, aprendemos de ellos y utilizamos las luchas de la vida para hacernos más fuertes, al igual que una semilla alcanza la luz a través de toda la oscuridad del suelo.

Después les pedí que estuvieran presentes en el momento, pero también hablamos de que vivir sólo en el presente es lo que nos hace ser impulsivos y egoístas. Necesitamos un equilibrio entre estar presentes y tener en cuenta las consecuencias de nuestros actos. Es estupendo vivir la vida con fluidez y reconocer que el tiempo de reflexión también es muy necesario. Por eso es tan importante la planificación, para que puedas tomarte el tiempo de reflexionar sobre las consecuencias que tendrán tus acciones. Después de hacer el plan, puedes fluir, puedes pasar por el proceso de crear y experimentar la vida en el momento presente.

La estructura que crees y los planes que hagas deben estar alineados con tus valores.

. . .

Debes establecer objetivos cortos y alcanzables para no frustrarte y para ello tus objetivos deben ser claros. La mayoría de tus objetivos deben estar basados en valores intrínsecos que satisfagan tus necesidades de forma duradera.

Te he dado algunos consejos sobre actividades prácticas y elecciones de alimentos que pueden ayudarte a alcanzar tus objetivos. Los alimentos que recomiendo te ayudan a desintoxicar tu cuerpo y te liberan de las sustancias químicas adictivas que nuestras sociedades consumistas han diseñado para que sigas consumiendo más. No es una coincidencia que muchos de los alimentos basura que se venden tengan niveles extremadamente altos de azúcares refinados.

Su planificación debe empezar por hacer una lista de la compra y asegurarse de seguir esa lista. Compre artículos que se ajusten a la estructura que le he proporcionado: artículos con menos de 25 gramos de azúcar, y al menos 30 gramos de fibra al día. Básicamente, manténgase alejado de los alimentos excesivamente procesados como los refrescos, los dulces, las tortillas y las patatas fritas.

La actividad física en tu rutina es particularmente importante porque puede ayudarte a manejar algunos de los síntomas causados por la dependencia del alcohol y el azúcar. Recuerde que, al fin y al cabo, el alcohol es un azúcar. Programe entre 20 y 40 minutos de actividad cardiovascular. Si tiene algún tipo de lesión, la natación puede ser una buena alternativa.

. . .

Planificar una estructura ayuda a tu cerebro a reducir las opciones de las cosas que podrías hacer y puede ayudarte a dejar de actuar por impulso. A medida que te desintoxiques, ganarás también en libertad.

Verás que la batalla contra ti mismo será más fácil con el tiempo. Ahora que tienes un plan, deberías empezar a darte cuenta de qué es lo que realmente valoras en la vida.

Los valores no deben ser cosas que intentas lograr o conseguir.

Los valores deben ser la forma en que quieres comportarte, cómo tratas a los demás y a ti mismo, las acciones que realizas y la forma en que interpretas cada experiencia de tu vida. A medida que te acerques a tus valores, te resultará más claro quién quieres ser y a dónde quieres ir. La disciplina trae consigo la verdadera libertad de elegir, en lugar de obedecer a cada impulso y antojo que te llega.

Prevención de recaídas: El honor en el sufrimiento

La recaída es algo muy común en el proceso de recuperación. Por eso quiero que aceptes el hecho de que es probable que falles y que es probable que recaigas. Acepta ese hecho. La recuperación no es fácil. Las cosas empeorarán antes de mejorar. Si aceptas ese hecho, te permitirá prepararte mejor para cuando ocurra.

Ahora, sabiendo que probablemente recaerás, ¿quieres seguir con tu proceso de recuperación?

Hace falta valor para comprometerse con la recuperación, sabiendo que es probable que se fracase, sabiendo que las cosas no serán perfectas, pero ¿qué vas a hacer cuando fracases?

Encuentra el valor para recaer y perdonarte a ti mismo, comprométete y promete que no huirás más de ti mismo, que te abrirás a ti mismo, que te amarás. Una vez que hagas esto, tendrás la libertad de elegir caminar hacia tu propósito.

Después de todo el plan que hemos ideado, es el momento de comprometerse, es el momento de tomar tu vida y empoderarte para crear el cambio que deseas todo mientras eres flexible en las luchas de la vida.

Responde a estas preguntas en voz alta, por favor.

¿Estás preparado para comprometerte con una vida a tu medida? Sí, estoy preparado para diseñar mi vida como me parezca.

. . .

¿Estás preparado para liberarte de los grilletes de la adicción?

Sí, estoy dispuesto a asumir la responsabilidad de mis propios actos, a dejar de ser esclavo de mis impulsos.

¿Estás preparado para dejar de ser un esclavo del consumismo?

Sí, estoy preparado para decidir lo que es realmente importante para mí.

¿Estás preparado para actuar de acuerdo con tu camino?

Sí, estoy dispuesto a pasar a la acción para alcanzar mis objetivos. Cuando falles, porque puedes hacerlo, ¿te levantarás?

Sí, utilizaré cada lucha para aprender y convertirme en una mejor versión de mí mismo.

Olvídate de la perfección y acepta tus defectos. Toma tu adicción y conviértela en un triunfo personal. Hay honor en el sufrimiento por el que estás pasando. Estás dando un primer paso para amarte a ti mismo, para aceptarte. Después de permitirte amar con tus defectos, también serás capaz de tolerar y amar a los demás a pesar de sus defectos.

. . .

Tus valores permanecerán como potencialidades a menos que tus acciones los hagan realidad. Al comprometerte con tus valores y planificar los pasos hacia tus objetivos es como manifestarás el cambio que deseas en tu vida.

Cuando establezcas un objetivo utiliza la siguiente estructura:
+ Describa su objetivo específico. Sea concreto. Evite ser vago.
+ Describa los valores que subyacen a su objetivo.
+ Describa las acciones que va a llevar a cabo para alcanzar su objetivo.

- Separado en pasos más pequeños o en objetivos más pequeños.
- Anote la hora y la fecha en que va a tomar su primer paso.

Establecer objetivos tiene que ver más con la disciplina y con ser capaz de retrasar la gratificación instantánea. Tus objetivos y tus valores te llevarán directamente a la incomodidad, así que debemos tener la disciplina de hacer las cosas que no nos gustan, especialmente cuando no queremos hacerlas. Sólo debemos dar los pasos si realmente se alinean con nuestros objetivos a largo plazo, por supuesto.

La disciplina está directamente ligada a la paciencia. ¿Por qué crees que se tarda tanto en obtener un título universitario o un cinturón negro en artes marciales?

. . .

El proceso en sí mismo es parte de la recompensa porque a través del proceso se gana paciencia y disciplina. El título y el cinturón negro son sólo símbolos de las virtudes que se adquieren a través del proceso. La disciplina nos parece a muchos una tarea, pero en realidad es lo que nos libera de nuestros hábitos.

La paciencia se deriva de la disciplina, pero para ser paciente hay que tener confianza. Tienes que estar seguro de que eres capaz. Es un ciclo, a medida que empieces a conseguir tus objetivos, confiarás más en ti mismo, y creerás en ti, lo que te permitirá ser más paciente después, ya que sabes que serás capaz de alcanzar tu siguiente objetivo.

Si llenamos nuestras vidas con actividades que no se alinean con nuestros objetivos, pronto tendrás problemas. Te sentirás aburrido, y el aburrimiento es una de las principales razones por las que la gente recae. El aburrimiento surge cuando sentimos que todos nuestros esfuerzos son inútiles, o que estamos estancados haciendo algo irrelevante para nuestra vida, algo que no nos acerca a las cosas que valoramos.

Algunas personas están bien trabajando en cualquier tipo de empleo porque saben que el dinero que ganan allí les acercará a las cosas que valoran una vez terminado el trabajo. Sin embargo, hay otras personas que tienen la necesidad de sentir que sus habilidades están siendo bien utilizadas. Algunas personas necesitan hacer un trabajo significativo. Necesitan un reto diario en el trabajo y no soportan la monotonía, y bueno, eso está relacionado con los valores de la vida de esa persona.

. . .

Esas decisiones son muy personales, por eso dije que no hay una respuesta correcta o incorrecta cuando se trata de valores.

Sin embargo, existe una correlación entre más valores intrínsecos y mayores niveles de bienestar, lo que se traduce en menores niveles de adicción.

Es estupendo si eres capaz de hacer un trabajo que no es intrínsecamente valioso para ti porque te acercará a otras actividades significativas sin aburrirte ni frustrarte. El aburrimiento y la frustración surgirán por no ver el valor de las actividades que realizas día a día, o porque las actividades que realizas día a día en realidad no tienen ningún significado para lo que te estás esforzando.

Hagamos una diferenciación entre objetivos y valores. Un objetivo es un paso que te acerca a la alineación con tus valores. Habrá lagunas entre el tiempo que pases persiguiendo un objetivo y el siguiente. En esos huecos puedes experimentar aburrimiento o frustración, dependiendo de cuál sea tu actitud hacia los huecos.

Si no puedes trabajar para conseguir un objetivo concreto, tómate tu tiempo para descansar y relajarte, disfruta del proceso. Si no puedes crear, recurre a tus valores experienciales. Sal y vive un poco. Visita a unos amigos, ve una película, lee un libro. Todas estas actividades experienciales te revitalizarán y te permitirán trabajar más duro en tus objetivos cuando llegue de nuevo el momento.

. . .

Encontrar el sentido a las monótonas tareas del día a día puede ser difícil, podemos olvidar por qué hacemos las cosas que hacemos. Esto puede llevar a la desmotivación, que es precisamente de lo que vamos a hablar a continuación.

10

Un Camino Hacia La Plenitud

Jerarquía de necesidades y motivos

Para entender nuestros motivos para movernos y actuar, volvamos a la jerarquía de necesidades propuesta por Abraham Maslow (1970). Maslow fue un psicólogo teórico, clínico y experimental que ha influido enormemente en la forma en que vemos la motivación. Hoy en día, sus descubrimientos se aplican en todo tipo de entornos, incluidos los organizativos.

Las empresas aplican estas conclusiones para mantener a sus empleados satisfechos y motivados.

Maslow se centró en los aspectos más positivos del ser humano, ya que consideraba que los aspectos patológicos recibían demasiada atención. Se centró en el potencial humano y en cómo convertir ese potencial en realidad.

· · ·

Esta jerarquía habla de nuestra necesidad fundamental de expandirnos y encontrar más formas de intercomunicación con nuestro entorno y las personas que lo componen. Tenemos la tendencia a querer conectar con la vida a través de la expresión y la experiencia. Para que nos preocupemos por nuestras motivaciones más trascendentales, primero tenemos que satisfacer nuestras necesidades más básicas, de lo contrario la supervivencia dominará nuestras motivaciones y acabaremos sintiendo que no estamos realizando nuestro potencial.

Hablamos de cómo deberíamos utilizar esta jerarquía como guía a la hora de priorizar nuestros valores, ya que así es como funciona el ser humano por naturaleza.

Necesidades y motivaciones fisiológicas y de seguridad

El primer conjunto de necesidades está relacionado con las necesidades fisiológicas. Necesitas resguardarte del calor y del frío. Debes alimentarte. Necesitas. actividad física. Debes dormir. Estas necesidades son prioritarias y tu cuerpo te avisará cuando no estén cubiertas satisfactoriamente.

Dado que estas son las necesidades más importantes para progresar y poder centrarnos en motivaciones más complejas, estos son los primeros aspectos en los que te vas a centrar a la hora de planificar tu semana. Cada día, realiza al menos 25 minutos de actividad cardiovascular, duerme ocho horas de calidad, reduce el consumo de azúcar y aumenta el consumo de fibra alimentaria.

. . .

Esta será la mejor manera de satisfacer estas necesidades para que puedas mirar hacia el siguiente paso.

Si nuestras necesidades fisiológicas no están satisfechas, nuestras motivaciones girarán en torno a ellas. Si nos fijamos en África, oiremos hablar de cómo una persona puede caminar durante cuatro horas para conseguir agua para su familia. La motivación de esta persona se basa únicamente en el primer escalón de la pirámide, sin pensar en nada más.

Nuestra motivación está determinada por las necesidades insatisfechas. En general, la mayoría de nosotros no funciona en el nivel inferior de la pirámide, por lo que no motiva nuestro comportamiento a diario.

El siguiente escalón de la pirámide es una necesidad de seguridad que debe satisfacerse para que podamos avanzar hacia la realización de nuestro potencial. Necesitas una estructura y un entorno predecible para sentirte seguro. La seguridad laboral y un lugar al que llamar hogar son esenciales para que dejes de pensar exclusivamente en tu supervivencia. Necesitas esta sensación de seguridad para dejar de vivir una vida motivada por el miedo.

Esta necesidad se pone de manifiesto en los niños. Si un bebé no tiene una base segura, no estará dispuesto a explorar su entorno ni a jugar con juguetes. La base segura para los niños suele ser el cuidador principal (Bretherton, 1992).

. . .

La sensación de seguridad está interiorizada por todos nosotros siempre que hayamos tenido un entorno predecible y estable.

La coherencia y la estructura en nuestras vidas generan esa perspectiva positiva hacia la vida de la que hemos hablado.

Nos permite sentirnos libres para explorar y experimentar todo lo que la vida nos ofrece.

En cualquier momento dentro de este proceso de satisfacer nuestras necesidades y buscar motivos más elevados, podemos tomar la decisión de retroceder hacia la seguridad o avanzar hacia el crecimiento. Si no has sido capaz de resolver los niveles inferiores de necesidades, tus motivaciones van a estar estancadas enfocadas ahí. Al igual que podría ser difícil apreciar una puesta de sol, o mirar hermosas flores mientras estás con el estómago vacío, o mientras temes por tu seguridad.

Los dos primeros peldaños de la pirámide están muy preocupados por la supervivencia. Nuestra motivación es sólo ganarse la vida, sólo salir adelante, así que cuando estamos atascados en esta fase de la vida, se hace realmente difícil pensar en los demás. Pensar en la justicia se convierte en una idea lejana cuando se está luchando por poner comida en la mesa.

Muchos de nosotros nos quedamos atascados en estos dos primeros pasos, dejando el resto de las necesidades de la pirámide insatisfechas, lo que hace que estemos generalmente insatisfechos con nuestro estilo de vida actual.

Lo más lamentable es que cuando estamos atrapados en los niveles inferiores, las necesidades más altas de la pirámide parecen no tener importancia. Las consideramos irreales o innecesarias.

Cuando menciono que tener más necesidades extrínsecas está correlacionado con un menor bienestar, no quiero decir que la gente pueda vivir sin preocuparse por la seguridad financiera.

La seguridad financiera es la forma en que nos sentimos seguros en nuestro entorno, tener una base segura nos permite explorar otros intereses y cultivar nuestras pasiones. Alcanzar una riqueza excesiva no está relacionado con una mayor felicidad (Kasser, 2002). Una vez que se satisfacen las necesidades financieras hasta el punto de no tener que preocuparse por pagar el alquiler a tiempo, se puede empezar a centrarse en necesidades más elevadas y en valores menos egoístas.

La seguridad y la motivación en el trabajo suelen estar influidas por las necesidades de reconocimiento, aprecio y seguridad. Si valoras la maestría y el desafío, significa que quizá no te vaya bien un trabajo monótono de 9 a 5, significa que tienes la necesidad de ser estimulado intelectualmente para poder expresar tu potencial. No todo el mundo valora tanto esa necesidad. Algunas personas no quieren arriesgarse en un trabajo que podría no funcionar y prefieren una ruta lenta, constante y segura hacia sus objetivos.

. . .

Un trabajo estable y predecible puede ser más relajante para una persona que valora la seguridad y la estabilidad.

Hay más de un camino para llegar al mismo destino.

Tienes que evaluar tus prioridades.

Pertenencia y estima, necesidades y motivaciones

Los dos siguientes escalones de la pirámide giran en torno a la estima y la pertenencia. Estas necesidades son de naturaleza social y ya no se centran en la supervivencia. Se centran más en el estatus, los logros, las relaciones y el amor a uno mismo.

Es difícil concebir que alguien se sienta desconectado en la era de Internet. La gente solía escribir una carta y esperar semanas o incluso meses a que un amigo o pariente lejano la recibiera, y ahora, cuando podemos chatear al instante con amigos que viven en todo el mundo, la soledad está en su punto más alto en nuestras sociedades actuales (Guo, 2018).

Las interacciones en línea han sustituido muchos de los intercambios cara a cara que la gente habría tenido. Se podría pensar que la interacción sería satisfactoria tanto si es virtual como si no. La soledad y el auge de Internet nos dicen lo contrario, ya que la gente no parece tener satisfecha su necesidad de pertenencia (Guo, 2018).

. . .

La soledad se basa en la percepción. Puedes tener muchas interacciones sociales y seguir sintiéndote solo.

Puedes estar socialmente aislado, o tener pocas interacciones, y sentirte perfectamente bien. En otras palabras, la soledad significa que te falta un tipo específico de interacción en tu vida. Tal vez sea una relación de apoyo, estimulante o desafiante lo que te falta.

El problema con los tipos de interacciones virtuales que tenemos se remonta a una tendencia consumista de los medios sociales.

Las redes sociales promueven valores extrínsecos en los que uno gana su valor a través de la validación de los demás. Una gran parte de las interacciones que la gente tiene en las redes sociales tiene una necesidad de validación en el fondo. Estas interacciones satisfacen nuestras necesidades de la misma manera que una tarta de queso satisface nuestra hambre. Los "me gusta" en las redes sociales te dan una sensación de aceptación y satisfacen tus necesidades de interacción, pero no te dan una sensación de pertenencia duradera porque las características por las que te recompensan son en su mayoría de naturaleza superficial.

Interactuar en línea es más fácil porque no es necesario lidiar con los elementos de las interacciones cara a cara que causan ansiedad social a las personas. Este hecho hace que las personas pierdan las habilidades sociales necesarias para relacionarse de forma significativa, lo que aumenta los sentimientos de alienación que experimentan.

"Las personas solitarias están insatisfechas con sus relaciones fuera de línea debido a sus deficientes habilidades sociales; recurren a usar más las comunicaciones en línea para compensar" (Kim, LaRose, & Peng,2009, p.452 como se cita en Guo, 2018).

Cuando somos adictos a una sustancia o comportamiento, a menudo nos volvemos impulsivos. La impulsividad hace que no pensemos bien las cosas. Si no pensamos, es difícil que seamos conscientes de las consecuencias que nuestras acciones pueden tener en los demás. Por eso el narcisismo se asocia a menudo con la adicción, por su naturaleza impulsiva. Las tendencias egoístas descritas anteriormente no son necesariamente intencionadas. Muchas veces el egoísmo es sólo un efecto secundario de vivir una vida centrada en el placer, un estilo de vida impulsivo.

La adicción y los medios sociales tienen sus correlaciones. Las personas que tienen más tendencias narcisistas, egocéntricas o egoístas serán más propensas a entregarse en exceso a los placeres que proporciona la atención recibida a través de las redes sociales (Guo, 2018). Placer derivado de obtener la admiración de los demás. Como hemos comentado anteriormente, esto se debe a que basamos nuestro sentido de autoestima en el exterior.

. . .

Esta necesidad de admiración que nos lleva a representar una versión ideal de nosotros mismos en las redes sociales puede crear niveles más bajos de autoestima también en los demás.

Las personas que acuden a las redes sociales para hacerse una idea de cómo es la realidad, sólo ven el yo ideal de otras personas, lo que les hace pensar que todo el mundo es mejor que ellos. Estas percepciones distorsionan lo que debería ser importante para nosotros y nos enseñan a sacar nuestro sentido de autoestima del exterior.

El narcisismo es un modo de vida individualista basado principalmente en valores extrínsecos. Esto es lo que intentamos evitar en nuestro trabajo. Cuando no eres capaz de ver tus propios defectos, empiezas a culpar a los demás de tus carencias, empiezas a proyectar tus defectos en los que te rodean. Si eres perfecto y algo sale mal, es imposible que haya sido culpa tuya, así que buscas culpar al primer objetivo que se te presente. Vivir con un narcisista es terriblemente difícil porque suelen considerar que tienen la razón.

Esta es otra forma de ver la vida en blanco y negro. Los narcisistas son todos buenos, por lo tanto todos los demás son malos; no confían en el juicio de nadie más que en el suyo propio. Con su actitud y sus exigencias irreales, los narcisistas se sienten cada vez más solos y desconectados.

Apartarse de un estilo de vida egoísta en el que buscamos la comodidad a toda costa es exactamente lo que se necesita para cambiar la relación que se tiene con la bebida. Es importante pensar en las consecuencias, en cómo estas consecuencias pueden afectar a los demás y en cómo pueden repercutir en tu propio futuro. No querer ser perfecto y aceptar tus propios defectos te ayudará a combatir esos sentimientos de vergüenza que estimulan tus tendencias de autodesprecio.

Las redes sociales son un gran medio de comunicación para los narcisistas. El narcisismo puede ser visto como no aceptarse a sí mismo, no aceptar sus defectos. No aceptar tu sombra conduce al narcisismo, y las redes sociales permiten a estas personas presentar su yo ideal como una realidad. Pueden controlar qué partes de su vida puede ver la gente y cuáles no.

Las redes sociales contribuyen a alimentar su necesidad de ser admirados por los demás de forma instantánea, como el subidón que produce una droga.

Puede que asociemos socializar con salir de fiesta y algunos lo asocian especialmente con beber. Como he dicho anteriormente, hay otras formas de conocer gente.

La forma de satisfacer las necesidades de esta categoría es cultivando tus talentos, encontrando lo que te gusta hacer y haciéndolo bien.

Entonces encontrarás personas afines que te inspiren y aprecien tus progresos. Esto te hará sentir que contribuyes a la sociedad. No dominar nada en la vida te hará sentir que no eres bueno en nada, te hará sentir que no vales nada. Dedicar cierta energía a la maestría es una de las motivaciones de nuestra vida.

No seguir tus motivos te deja sin motivación. Esto debería ser intuitivo, pero ni siquiera sabemos por qué hacemos las cosas que hacemos.

Esta jerarquía de necesidades pretende ayudarte si en algún momento te sientes perdido. Es una de las formas de conectar con nuestro sentido de dirección interno.

El éxito se encuentra cuando uno encuentra un equilibrio entre estar seguro y sentirse apreciado. Puedes encontrar ese equilibrio cuando encuentres un trabajo que tenga sentido para ti.

Cuando no te apasiona lo que creas, lo que aportas al mundo, hará que tu necesidad de estima no se vea satisfecha, ya que se percibirá que no aportas nada de valor. Sin pasión, ir más allá o sobresalir profesionalmente es más bien imposible. La mediocridad es muy común debido a los altos niveles de conformidad, a la adhesión a los valores que te fueron impuestos y a no cultivar tus propios dones y talentos.

Necesidades y motivos de autorrealización

Esta necesidad es de la más alta naturaleza. Es nuestra necesidad de tener un propósito, de encontrarle un sentido a la vida. Cuando tu yo actual no coincide con tu yo ideal, significa que esta necesidad no está satisfecha. Esto, por supuesto, siempre será así, ya que siempre habrá potencial de crecimiento.

El último escalón de la pirámide consiste en dejar tu legado, en devolver a la comunidad creando un cambio en el mundo.

Muchos de nosotros no llegamos nunca a ese punto, y por eso el arrepentimiento y la depresión son tan frecuentes en nuestra época.

Según nuestra revisión de la pirámide de necesidades, todos nuestros comportamientos están motivados por necesidades. El último escalón de la pirámide es un escalón trascendental, es la realización de nuestro potencial. Sin embargo, sigue siendo una necesidad. Al igual que si no comemos, no satisfacer esta necesidad tendrá efectos perjudiciales para nosotros. No satisfacer tu necesidad de autorrealización te dejará con una sensación de estancamiento y falta de sentido.

"Los músicos deben hacer música, los artistas deben crear, los poetas deben escribir si quieren estar en última instancia en paz consigo mismos. Lo que los seres humanos pueden ser, deben serlo. Deben ser fieles a su propia naturaleza. A esta necesidad podemos llamarla autorrealización... Se refiere al deseo de autorrealización del hombre, es decir, a la tendencia a convertirse realmente en lo que es potencialmente" (Maslow, 1943, p. 203).

. . .

Satisfacer tu necesidad de crear va mucho más allá de la supervivencia o la aprobación. Sin embargo, la autorrealización no tiene por qué ser de naturaleza artística. El arte es un medio muy común por el que las personas satisfacen su necesidad de propósito, ya que el arte es un acto de crear y expresar lo que hay en el interior de formas cada vez más complejas. Tu realización puede alcanzarse en la alegría que recibes al cuidar de tu familia y asegurarte de que tus hijos tienen una oportunidad justa de elegir cuál es su propósito.

Satisfacer esta necesidad ahuyentará cualquier necesidad de escapar, esos sentimientos de aburrimiento y cualquier vacío que tengamos. El vacío existencial que muchos de nosotros arrastramos es una prueba de lo importante que es para nosotros realizar nuestro potencial.

Las personas autorrealizadas se desprenden de la necesidad de aprobación y comparación social. No se esfuerzan por ser mejores que los demás, sino que sólo se comparan con su yo anterior.

Experiencias máximas y creatividad

Todavía hay muchos misterios por resolver en lo que respecta a quiénes somos y cómo es posible la conciencia. Hay experiencias que nos ponen en contacto con estos aspectos de la vida y nos hacen cuestionar nuestra realidad. Es otra parte apasionante de la vida que merece la pena explorar. La realidad es mucho más de lo que sabemos.

. . .

Es necesario hacer un último comentario sobre las personas que satisfacen su necesidad de autorrealización. Durante su época de psicoterapeuta, Maslow se centró en trabajar y entrevistar a individuos de gran éxito. La mayoría de los otros psicólogos de su época se centraron en trabajar para ayudar a las personas a superar sus enfermedades. Maslow, en cambio, se centró en los aspectos positivos de las personas para ayudarles a desarrollar su potencial.

A Maslow le interesaba entender qué hacía funcionar a estos individuos de éxito, cómo llegaban a ser tan felices y ricos. Durante su estudio de estas personas, observó una tendencia común. La gran mayoría de estas personas de éxito con las que habló describieron haber tenido lo que Maslow llamó una "Experiencia cumbre". De hecho, la mayoría de estas personas afirmaron haber tenido varias de esas experiencias a lo largo de su vida. Se pensaba que estas experiencias eran un síntoma de haber satisfecho su necesidad de autorrealización.

La experiencia cumbre se conoce popularmente como experiencia mística. Estos sucesos han sido reportados desde la antigüedad. Juana de Arco, por ejemplo, dijo haber tenido estas experiencias durante toda su vida. Nikola Tesla y Steve Jobs son ejemplos más recientes de personas que acreditaron gran parte de su creatividad a estas experiencias.

Las experiencias máximas parecen poder producirse de forma natural en nuestro cerebro, sin necesidad de ninguna sustancia química exterior. Por alguna razón, se producen con más frecuencia en los individuos que se autorrealizan. Algunas personas buscan inducir estos estados a través de años de trabajo respiratorio, como los monjes en los monasterios. La psicología transpersonal ha llegado a valorar estas experiencias e incluso a decir que son imprescindibles para el bienestar de una persona.

Estas experiencias se caracterizan por la sensación de unicidad, una cierta disolución del yo en la que los límites del yo y de todo lo demás parecen desaparecer.

Durante estos estados mentales, las personas dicen sentirse interconectadas con otras personas y con la naturaleza.

Este tipo de sentimiento podría reforzar definitivamente la idea de cooperación frente a la de competencia de la que hemos hablado. Sentir que formamos parte de la naturaleza e interiorizar esta idea nos ayudará a sentirnos menos solos, y veremos la relación entre nosotros y los que nos rodean de forma diferente.

Seríamos menos propensos a herir a nuestros seres queridos, ya que la empatía viene acompañada de sentimientos de conexión. Nuestra empatía puede extenderse hacia el planeta en el que vivimos y la forma en que lo necesitamos tanto como él a nosotros.

Interiorizar este sentimiento de conexión te permitirá satisfacer tu necesidad de conexión ahuyentando la soledad. No te encontrarás bebiendo de la soledad tan a menudo si eres capaz de ver tu lugar en la naturaleza, la sociedad y el universo.

La sensación de unión con la totalidad no es el único beneficio que se obtiene de una experiencia mística. El hecho de que los límites se disuelvan también es de gran importancia. Por límites, quiero decir que las categorías se disuelven.

Para entender mejor este concepto de disolución de categorías podemos fijarnos en los sueños, que son extremadamente importantes, como hemos mencionado.

Hay dos tipos de memoria que utilizamos principalmente cuando soñamos: la memoria episódica y la memoria semántica.

La memoria episódica es nuestra memoria de acontecimientos temporales y espaciales. Cuando pensamos en un momento en el que estuvimos en casa de un amigo, por ejemplo, este recuerdo está ligado a un lugar y a un tiempo. La memoria semántica es la memoria asociada a conceptos como que un plátano forma parte de la categoría de las frutas.

Cuando soñamos, el cortisol interrumpe estos sistemas de memoria, especialmente durante la fase de sueño REM (Payne y Nadel, 2004). Lo que ocurre es que la memoria episódica se apaga. Así, cuando soñamos, podemos soñar con una persona y un lugar que nunca han coexistido al mismo tiempo o en el mismo lugar. Tal vez hayas soñado que estabas en un crucero con tu jefe, algo que probablemente nunca ocurrió realmente.

. . .

Empezamos a mezclar recuerdos y conceptos distantes y sin relación entre sí de formas que nunca antes se habían mezclado.

Tanto las experiencias místicas como los sueños cumplen una función fundamental en nuestra capacidad de ser creativos.

Cuando tu cerebro derriba todas las categorías y límites existentes, nos permite mezclar conceptos e ideas de formas nuevas y diferentes, dando cabida a la creación.

Los alquimistas siempre han dicho que la destrucción (la disolución de nuestro yo y el derribo de las categorías) y la creación son dos partes de un mismo proceso. Para crear, primero hay que hacer sitio destruyendo. Para crear una nueva versión de ti mismo, tienes que derribar todos los patrones de comportamiento y los mecanismos de afrontamiento que has construido.

Esta mezcla de ideas es la forma en que nacen nuevas creaciones, se crean nuevos caminos en nuestro cerebro y se refuerzan otros, ayudándonos a mirar la vida con una perspectiva diferente. A veces podemos dar por sentado el placer de la vida. Al deconstruir nuestros viejos hábitos, podemos aprender a crear nuevas asociaciones. Son momentos en los que la luz puede filtrarse por las grietas. Aprovecha esos momentos difíciles para comprender mejor lo que hay debajo de ti y llegar a conocer lo que realmente te parece importante. Si estás harto de la vida y llegas a un punto de ruptura, probablemente sea porque hay algo en tu vida a lo que debes prestar atención, algo que debe cambiar. No te limites a considerarlo una debilidad emocional o una rabieta.

Deconstruirte a ti mismo te ayudará a darte cuenta de que beber no es un rasgo de la personalidad, no es lo que te hace ser tú. Presta atención a tus sueños, presta atención a tus crisis emocionales y presta atención a tus crisis existenciales.

Cada vez más investigaciones apuntan a la posibilidad de que una de las razones por las que hemos dado un salto evolutivo tan grande respecto a otros primates se deba a estas experiencias.

Esto podría explicar por qué los chamanes han realizado este tipo de experiencias místicas desde el comienzo de la civilización (Winkelman, 2017).

A medida que permitas que tus ciclos de sueño se normalicen y dejes de sedarte, tu creatividad también regresará, permitiéndote abordar la vida de una manera mucho más flexible y dinámica. La autorrealización se basa en el principio actualizador del universo.

El universo está en constante expansión. Crece y encuentra nuevas formas de interconectarse de manera cada vez más compleja. Se cree que esta misma tendencia existe también en nosotros. Quizá hayas oído el viejo axioma: "Como es arriba, es abajo". O quizá hayas descubierto los escritos del Templo de

Apolo que dicen: "Conócete a ti mismo y conocerás el universo y a Dios".

Está destinado a ser nuestro propósito subyacente, a crecer cada vez más complejo y a conectar de forma cada vez más compleja con el universo. Nuestro propósito es evolucionar, prosperar y alcanzar nuestro verdadero potencial.

La belleza de la vida y el mantenimiento de la motivación

¿De qué sirve tener unos valores claros y un propósito si no tienes la motivación para hacer que los valores imaginados se hagan realidad en tu vida?

Establecer un objetivo no es suficiente para motivarse.

Tienes que conectar realmente con tu objetivo para que te importe. Tienes que sentir pasión por lo que haces. Tienes que encontrar una forma de relacionarte con tus objetivos, y eso significa que tus valores tienen que coincidir con los objetivos que te propones. Los objetivos deben acercarte a lo que realmente encuentras importante en tu vida para que estés decidido y te mantengas motivado.

¿Estás eligiendo tus propios objetivos? ¿Podría haber algo más con lo que te sientas más conectado?

. . .

Para mantenerse motivado en su camino de recuperación, puede establecer un sistema de recompensas, un medio por el que pueda celebrar lo bien que lo ha hecho. Permítase divertirse, pero asegúrese de que la diversión que está teniendo se alinea con sus valores.

Permítase rellenar los huecos entre sus objetivos con experiencias que sean significativas para usted.

Elegir tu camino es extremadamente motivador. Uno de los principales factores para perder la motivación es la sensación de estar atascado, la sensación de no tener ninguna independencia. Un ejemplo es cuando te ves obligado a realizar un trabajo que consideras irrelevante para tu trayectoria. Es importante que prestes atención a esta sensación de estar atascado, significa que te sientes estancado.

Puede que no estés incluyendo suficientes valores intrínsecos en tu vida y eso te llevará a la frustración y al vacío.

Otra forma de mantenerse motivado es establecer y mantener relaciones significativas. Relaciónate con personas con las que compartas pasiones, personas que te inspiren.

El aprendizaje social es fundamental para todos los animales. Por desgracia, nuestra sociedad no premia a la comunidad tanto como a la competencia, por lo que puedes sentirte débil cuando buscas el consejo o el apoyo de los demás.

. . .

Busca personas que te desafíen y te cuestionen. Tener amigos con los que te sientas cómodo también es estupendo, ya que tenemos necesidad de seguridad, pero encontrar personas que te desafíen te ayuda a crecer al situarte fuera de tu zona de confort. Las personas que te hacen una crítica constructiva lo hacen porque ven que tienes potencial para cambiar y aprender.

Otra forma de revitalizarse es darse permiso para tomarse un descanso. Planifica unas vacaciones y haz algo diferente para permitirte pulsar el botón de reinicio de tu cerebro. Cuando vuelvas de tu actividad, si fue lo suficientemente refrescante y diferente a tu rutina diaria, puedes volver y ver las cosas bajo una nueva luz permitiéndote motivarte una vez más.

Una rutina monótona puede afectarle, por lo que es importante buscar nuevos estímulos de vez en cuando.

Una rutina sólo es monótona si tú la percibes así. No todo el mundo tiene las mismas necesidades y valores. Lo importante es hacerlo de forma planificada y con tu propio permiso.

Recuerda que se trata de seguir una estructura.

La mejor manera de hacerlo es ir a eventos que te interesen.

Cuando digo un evento, puede ser algo como una feria que pase por la ciudad, o una charla académica que vaya a dar alguien, asistir a conferencias relacionadas con temas que te apasionen, asistir a talleres donde puedas aprender nuevas habilidades. Si tienes la mente abierta, puedes encontrar un montón de actividades en las que participar. Esto, por supuesto, suponiendo que vivas en una ciudad bastante poblada. Una de las mejores maneras de conocer los eventos de tu región es a través de las redes sociales. Si vives en un entorno más rural, seguro que hay otro tipo de actividades que puedes llevar a cabo, como la pesca, la natación, el senderismo, la caza y la observación de animales.

Podrás conocer a personas afines de todo tipo y exponerte a nuevas formas de ver el mundo y tus intereses. Esto puede reavivar tus pasiones hacia la vida. Cultiva tus intereses. Si sientes algún indicio de interés por una parte concreta de la vida, como el baile, la escritura, el dibujo, la lucha, cualquier cosa, deberías explorarlo.

No nacemos con pasiones. A lo largo de nuestra vida vamos vislumbrando intereses. Si hay algo que te interesa, persíguelo, aunque sea de forma exploratoria. Tenemos que trabajar en nuestros intereses para convertirlos en pasiones. Sólo a través de la dedicación se puede llegar a apasionar algo en la vida.

Esta tendencia a explorar y a encontrar nuevos estímulos se sustituye a menudo por la bebida. Mucha gente busca "volverse salvaje" saliendo de fiesta. Esto es en realidad otra forma de darse cuenta de que puede faltarle aventura a su vida sobria. Prueba cosas nuevas, conoce gente nueva, ve a lugares nuevos.

. . .

La idea es evitar que se caiga en un sentimiento de estancamiento. No hace falta que te ciñas a un solo interés, ni que aprendas algo nuevo cada pocos meses. Simplemente, comprueba hasta qué punto te aburres o no te interesa la vida para saber si estás preparado o no para perseguir un nuevo interés. Como he dicho, incluso los intereses requieren disciplina y dedicación. Las relaciones y la comunicación con los demás es una de las mejores formas de exponerse a aspectos de la vida que pueden interesarle.

¿Puede describir el tipo de persona que le gustaría conocer?

Conviértete tú mismo en esa persona. Conviértete en la persona que te gustaría en su vida.

Conectar con tus valores y cultivar tus talentos te ayudará a entrar en un estado de flujo en la vida en el que simplemente estás viviendo y disfrutando de la vida. Una vez que estés en ese estado, la gente lo notará. Gravitarán hacia ti porque la gente nota cuando alguien disfruta de la vida que está viviendo. Una vez que empieces a establecer conexiones significativas con la gente, empezarás a darte cuenta de lo increíble que es estar vivo. Encontrar personas que te aprecien y acepten por lo que eres no tiene precio. Es una de las sensaciones más reconfortantes y motivadoras que uno puede experimentar, como estar ahí cuando te necesitan.

Encontrar lo que se te da bien y hacerlo te hace sentir muy valioso. No querrás seguir bebiendo, sentirás que te distrae de hacer las cosas que realmente te gustan. La bebida dejará de gustarte una vez que cultives tu talento. Hay mucho más por lo que vivir. Tienes el potencial para ser verdaderamente grande.

Una vez que empiezas a liberarte de las creencias limitantes, empiezas a ser capaz de ver todas las opciones y oportunidades reales que tienes en la vida. Hay tantas oportunidades para crecer, pero también para simplemente disfrutar de la vida.

Todo un mundo comienza a desplegarse para ti.

Realmente no sé qué más podríamos pedir cuando la vida y el mundo crecen de forma cada vez más compleja, y tenemos la oportunidad de formar parte de todo ello. Estamos en una de las épocas más increíbles para estar vivos.

Hay proyectos para crear colonias en Marte y la Luna. Pronto podremos hablar entre nosotros sin decir ni una sola palabra gracias al Neuralink de Elon Musk. En algún momento del futuro, va a ser difícil distinguir los sistemas de inteligencia artificial de los seres vivos reales. La gente va a ser capaz de diseñar genéticamente a sus hijos muy pronto. Así que muchas de las predisposiciones biológicas a la enfermedad pueden convertirse en cosas del pasado.

Hay tantas cosas que están sucediendo ahora, que sólo es cuestión de mirar a su alrededor y apreciar todo el panorama.

. . .

Organizaciones sin ánimo de lucro como Search for Extraterrestrial Intelligence (SETI) vigilan los cielos a diario. Han encontrado gran cantidad de planetas con condiciones similares a la Tierra en los que la vida podría ser posible. ¿No sería estupendo saber que no estamos solos, que hay otras sociedades que se han enfrentado a luchas similares y las han superado? ¿No es un pensamiento inspirador? Estos y muchos más son algunos de los grandes cambios y experiencias que podemos esperar en los próximos años.

Nunca antes nuestras sociedades habían aceptado tanto la individualidad de cada persona y sus derechos. En estos tiempos puedes ser quien quieres ser, puedes elegir tu camino. En cierto modo, nunca hemos sido tan libres. Sólo tenemos que arrimar el hombro y creer en nosotros mismos. Sólo tenemos que creer en nosotros mismos hasta que veamos de qué somos capaces.

Después de eso, sabrás todo el potencial que tienes. La creencia ya no será necesaria.

Eres parte de la vida. No tienes que quedarte de brazos cruzados viendo cómo se desarrolla todo. Puedes actuar y ayudar a encontrar soluciones a los problemas y misterios de la vida.

Poco a poco, empezarás a apreciar toda la belleza que ofrece la vida. Te apasionarás por protegerla, por cuidarte y por amar todo lo que es importante para ti.

ESMOND FULLER

CONCLUSIÓN

En la mayor parte de este trabajo, le he proporcionado más preguntas que respuestas. Esto se debe precisamente a que yo no tengo las respuestas: ¡usted sí!

Las preguntas que te he hecho son las que todo el mundo debería hacerse.

La sociedad nos ha dado las respuestas a nuestras preguntas antes de que supiéramos que existían. Esto no es justo.

Después de despertar, es posible que tengas sentimientos de desprecio hacia la sociedad, y tal vez incluso hacia tus padres por no permitirte elegir tu propio camino. Esto es normal, pero tenemos que perdonar a nuestros padres y a la sociedad, ya que han sido hipnotizados de la misma manera que nosotros.

. . .

En cuanto a la sociedad, sólo podemos cambiar nuestro entorno cambiando primero nosotros mismos y, con suerte, influyendo en los que nos rodean.

No olvides que tú también estuviste una vez profundamente dormido. No olvides que tú también no pensaste de dónde venías ni a dónde ibas. No juzgues a otros que no han tenido la oportunidad de despertar. No te atribuyas superioridad sobre ellos.

El hecho de que puedas ganar más conocimiento y más libertad sobre ti mismo te hace también más responsable. Ahora eres responsable de ayudar a otros a despertar, no eres responsable de juzgarlos.

La compasión y la empatía son las claves para mostrar a los demás el camino. Tu mensaje no será escuchado si criticas a la gente desde un lugar de falsa superioridad.

Al principio de este trabajo, les pedí que tuvieran presente una pregunta.

¿Por qué querías recuperarte?

La respuesta a esta pregunta es el único combustible que necesitas para mantener la motivación.

. . .

Tus miedos y dudas pueden distraerte de tu camino, pero sólo momentáneamente.

Debes recordar que tú no eres tus miedos.

Escúchalos, pero recuerda tu propio valor mientras avanzas por la vida.

"Mantén tu mente siempre en la Estrella, pero deja que tus ojos vigilen tus pasos, para que no caigas en el fango a causa de tu mirada hacia arriba" (Iniciados, 2014, p. 40).

Mantente presente y mantén tu mente conectada a tus valores: de ahí sacarás la fuerza para continuar en los peores momentos.

Reconoce los errores que has cometido hasta ahora y demuestra que quieres cambiar con tus acciones. Tú NO eres tus errores. Eres mucho más que aquella vez que te emborrachaste y engañaste a tu pareja. No eres intrínsecamente malo, puedes cambiar. Eso es lo maravilloso de la imperfección.

Habrás notado que, a medida que avanzaba nuestro trabajo, nos centramos cada vez menos en pensar en todos los problemas que ha traído la bebida, y nos fijamos en cambio en los aspectos de la vida en los que deberías centrarte.

. . .

De esta misma manera, empieza a llevar actividades más significativas que realmente te importen más.

Naturalmente, la bebida se desvanecerá. Su importancia se extinguirá cuando te des cuenta de lo que realmente te importa.

Realmente creo que todos estamos destinados a mucho más de lo que nuestros sistemas económicos nos han hecho creer. Nos han cegado nuestro verdadero potencial. Hemos llegado a pensar que sólo somos tan valiosos como lo que valemos económicamente.

Hay más de un camino hacia el mismo destino. Sólo tú puedes elegir tu camino, nadie puede elegirlo por ti.

www.ingramcontent.com/pod-product-compliance
Lightning Source LLC
Chambersburg PA
CBHW072020070526
44583CB00015B/1566